Forum Sprache

Communicative Teacher Talk

Vorschläge zu einer effektiven Unterrichtssprache

Forum Sprache

ein Fachbuch-Programm für alle, die Fremdsprachen unterrichten und studieren

Ausgewählte Titel:

Beck, R. / Kuester, H. / Kuester, M.
Terminologie der Literaturwissenschaft
Ein Handbuch für das Anglistikstudium
ISBN 3-19-006620-5

Borgwardt, U. u. a.
Kompendium Fremdsprachenunterricht
Leitfaden zum didaktisch-methodischen Grundwissen
ISBN 3-19-006615-9

Edelhoff, Chr. / Weskamp, R. (Hrsg.)
Autonomes Fremdsprachenlernen
Neue Tendenzen in der Entwicklung lernerorientierter Ansätze im Fremdsprachenunterricht
ISBN 3-19-006625-6

Erdmenger, M.
Landeskunde im Fremdsprachenunterricht
Ziele und Methoden des landeskundlichen Unterrichts werden im Hinblick auf Grundschule, Sekundarstufe I und II und Erwachsenenbildung dargestellt.
ISBN 3-19-006623-X

Hellwig, K.
Fremdsprachen an Grundschulen als Spielen und Lernen
Dargestellt am Beispiel Englisch
ISBN 3-19-002398-0

Herbst, T. / Stoll, R. / Westermayr, R.
Terminologie der Sprachbeschreibung
Ein Lernwörterbuch für das Anglistikstudium
ISBN 3-19-006604-3

Karbe, U. / Piepho, H.-E.
Fremdsprachenunterricht von A–Z
Ziele, Inhalte und didaktisch-methodische Grundsätze eines modernen Englischunterrichts werden in Beiträgen zu 58 Themenstichwörtern skizziert.
ISBN 3-19-006630-2

Klein, E.
Sprachdidaktik Englisch
Ein Lern- und Arbeitsbuch zur Geschichte fremdsprachlicher Lehrmethoden, Bezugswissenschaften des Fremdsprachenunterrichts, curricularen Ansätzen, ausgewählten Problemen der englischen Sprache und zentralen Fragestellungen für das Lernen des Englischen.
ISBN 3-19-006644-2

Multhaup, U.
Psycholinguistik und fremdsprachliches Lernen
Von Lehrplänen zu Lernprozessen
Eine umfassende Darstellung der linguistischen und psychologischen Grundlagen des Fremdsprachenunterrichts
ISBN 3-19-006616-7

Ortner, B.
Alternative Methoden im Fremdsprachenunterricht
Lerntheoretischer Hintergrund und praktische Umsetzung
Jede dieser Sprachlehrmethoden wird in ihren theoretischen Konzepten und in ihrer praktischen Umsetzung beschrieben, analysiert und bewertet.
ISBN 3-19-006629-9

Rüschoff, B. / Wolff, D.
Fremdsprachenlernen in der Wissensgesellschaft
Zum Einsatz der neuen Technologien in Schule und Unterricht
Vor dem Hintergrund der neuen Kommunikationsmöglichkeiten wird versucht, das innovative Potential der neuen Technologien im Fremdsprachenunterricht zu beleuchten.
ISBN 3-19-006627-2

Schiffler, L.
Learning by doing im Fremdsprachenunterricht
Handlungs- und partnerorientierter Fremdsprachenunterricht mit und ohne Lehrbuch
Die Beispiele des Buches beziehen sich auf den Englisch-, Französisch- und Spanischunterricht.
ISBN 3-19-006628-0

Wode, H.
Lernen in der Fremdsprache: Grundzüge von Immersion und bilingualen Unterricht
Orientierungspunkte aus Psycholinguistik, Soziolinguistik und Fremdsprachendidaktik
ISBN 3-19-006621-3

Zydatiß, W.
Bilingualer Unterricht in der Grundschule
Entwurf eines Spracherwerbskonzepts für zweisprachige Immersionsprogramme
ISBN 3-19-006632-9

Herwig Wulf

Communicative Teacher Talk

Vorschläge zu einer effektiven Unterrichtssprache

Max Hueber Verlag

Lektorat: Redaktionsbüro text & buch, Stuttgart
(Jochen Grube, Ute Aengeneyndt)

Die Deutsche Bibliothek – CIP-Einheitsaufnahme

Wulf, Herwig:
Communicative teacher talk : Vorschläge zu einer effektiven Unterrichtssprache / Herwig Wulf – 1. Aufl.. – Ismaning ; Hueber, 2001
    (Forum Sprache)
    ISBN 3-19-006646-9

 Dieses Werk folgt der seit dem 1. August 1998 gültigen Rechtschreibreform.

Das Werk und seine Teile sind urheberrechtlich geschützt.
Jede Verwertung in anderen als den gesetzlich zugelassenen Fällen bedarf deshalb der schriftlichen Einwilligung des Verlages.

1. Auflage
© 2001 Max Hueber Verlag, D-85737 Ismaning
Umschlaggestaltung: Werbeagentur Braun & Voigt, Heidelberg
Satz: Design-Typo-Print, Ismaning
Gesamtherstellung: Ludwig Auer GmbH, Donauwörth
Printed in Germany
ISBN 3–19–006646–9

Inhaltsverzeichnis

Vorwort 7

1	*Teacher Talking Time (TTT)*	11
1.1	Die Bedeutung der Lehrersprache im Fremdsprachenunterricht	11
1.2	Lehrersprache als Quelle für das rezeptive Lernen	12
1.3	Das Verhältnis von Sprachrezeption zu Sprachproduktion	14
1.4	Quantität und Qualität der Lehrersprache	20
	Unterrichtsausschnitt aus einer 7. Realschulklasse	20
2	**Inhalte**	29
	Unterrichtsausschnitt aus einer 9. Realschulklasse	31
3	**Sprachbeherrschung**	34
3.1	Lehrerfehler	34
3.2	Grammatik	38
3.3	Wortschatz	40
3.3.1	*Gambits* und *fixed expressions*	41
3.3.2	*Vocalizations*	44
3.4	Emotionale Anteilnahme	47
3.5	Flexibilität und *speech modifications*	49
3.6	Authentizität	56
3.7	Die sprachlichen Anforderungen an den Fremdsprachenlehrer	58
4	**Wieviel Deutsch verträgt der Englischunterricht?**	59
4.1	Bevorzugung der Muttersprache durch die Schüler	59
4.2	Die Übersetzung im Stillen	60
4.3	Persönliche Belange	60
4.4	Die emotionale Seite	60
4.5	Klassengeschäfte	62
4.6	Grammatik	63
4.7	Zeitgewinn?	64
4.8	Gezielter Einsatz der Muttersprache	64
	Unterrichtsausschnitt aus einer 5. Realschulklasse	67
	und aus einer Hauptschulklasse	68
5	**Stimulustechniken**	75
5.1	Aufforderungen	75
5.2	Fragen	80

5

5.2.1	*Junky* und *silly questions*	81
5.2.2	Form, Inhalt und Zweck	81
5.2.3	*Display* und *referential questions*	83
5.2.4	Offene und geschlossene Fragen	85
5.2.5	Vage und konkrete Fragen	86
6	**Responses und deren Steuerung**	90
6.1	Antworten auf *yes-/no*-Fragen	90
6.2	*Wait time*	91
6.3	Ganzsatz-Antworten	92
7	**Reaktionen auf Schüleräußerungen**	97
7.1	Echo	97
7.2	Stereotype Quittungen	98
7.3	*Feedback*	99
7.4	*Plane change*	101
	Unterrichtsausschnitt aus einer 12. Gymnasialklasse	105
8	**Initiative – Response – Follow-up (I-R-F)**	107
8.1	*I-R-F* als Problem	107
8.2	Zurückweisungen	108
9	**Fehlerkorrektur**	112
9.1	Korrektur, ja oder nein?	112
9.2	Korrekturtypen	114
9.3	Korrektur in Abhängigkeit von der Unterrichtssituation	118
9.4	Die *comprehensible output hypothesis* und Selbstreparatur	122
9.5	Schüler-Schüler-Korrektur	124
9.6	*Noticing*	126
9.6.1	*Reformulation*	127
9.6.2	*Reconstruction*	127
	Unterrichtsausschnitt aus einer 6. Realschulklasse	128
	und aus einer 9. Realschulklasse	130
10	**(Non-)communicative features of teacher talk**	133
11	**Schluss: Außerschulischer Diskurs vs. *institutional discourse***	136
	Bibliographie	138
	Anhang: *Classroom Phrases*	147

Vorwort

Man kann als Lehrer[1], zumal als Fremdsprachenlehrer, heute alles falsch machen und doch jeden Schritt plausibel begründen; und man kann sehr guten Unterricht halten, aber mit schlechtem Gewissen, weil man für sein Sprechhandeln in den Didaktiken nicht genügend Rückhalt findet.

Es gibt natürlich eine Vielzahl von fachdidaktischen Büchern, die wertvolle Hilfen für die Unterrichtspraxis bieten. Sie plädieren mit großer Mehrheit für einen Fremdsprachenunterricht, der auf kommunikative Kompetenz abzielt, wenn auch verschiedene Methoden der Vermittlung miteinander konkurrieren. Wenn nun aber Kommunikation in der Fremdsprache angebahnt und geübt werden soll, so ist der didaktische Ort dafür in unserem Schulsystem das Klassenzimmer. Nicht erst nach Beendigung des Englischkurses, sondern bereits in der Klasse findet Kommunikation statt. Mit anderen Worten, der Dialog zwischen Schüler und Lehrer, der Unterrichtsdiskurs, spielt in einem auf kommunikative Kompetenz ausgerichteten Unterricht eine überragende Rolle. Überraschenderweise findet sich jedoch in keinem der zahlreichen Bücher zur Fremdsprachendidaktik ein Kapitel, das vollständig der Sprache des Lehrers im Fremdsprachenunterricht gewidmet wäre (außer in dem von David Nunan[2], das aber schon längere Zeit vergriffen und nicht wieder aufgelegt worden ist).

Offenbar fehlt es an Büchern zum Unterrichtsgespräch im Fremdsprachenunterricht. Flanders' Studien zur Interaktionsanalyse zielten darauf ab herauszufinden, auf welche Weise Lehrer im Unterricht ein bestimmtes Klima erzeugen und auf welche Weise Unterrichtsstile die Leistung der Schüler beeinflussen. Seine Methode beruhte auf Stichproben in 5-Sekunden-Abständen.[3] Bellack ging bereits von Unterrichtsprotokollen aus und stellte dabei fest, wie stark das Unterrichtsgespräch formalisiert ist (vgl. Kapitel 9 in der vorliegenden Arbeit).[4] In Sinclair und Coulthards Buch, *Towards an Analysis of Discourse. The English used by teachers and pupils*[5], geht es um

---

[1] Mir ist selbstverständlich bekannt, dass die meisten Lehrer, streng genommen, Lehrerinnen sind und dass die beiden Geschlechter sich auf Schülerinnen und Schüler etwa gleichmäßig verteilen. Da aber die Unterschiede für das gewählte Thema einigermaßen irrelevant sind, habe ich mich im Folgenden für die kürzere Form entschieden.
[2] David Nunan: *Language Teaching Methodology*. Hemel Hempstead: Prentice Hall 1991; und zwar das Kapitel "Focus on the Teacher: Classroom Management and Teacher-Student Interaction", S.189-207. - David Nunan und Clarice Lamb: *The Self-Directed Teacher. Managing the learning process*. Cambridge: Cambridge University Press 1996, S. 60ff. enthält ein Kapitel "Classroom Talk", das eine Reihe von Unterrichtsbeispielen bringt, aber im wesentlichen nur auf die Themen Fragestellung, Fehlerkorrektur und Gebrauch der Muttersprache eingeht.
[3] N. A. Flanders: *Teacher Influence, Pupil Attitudes and Achievement: Studies in Interaction Analysis*. Cooperative Research Monographs no.12, U.S. Government Printing Office, 1965.
[4] A. A. Bellack et al.: *The Language of the Classroom*. New York: Teachers College Press, 1966.
[5] London: Oxford University Press 1975.

die linguistische Beschreibung von Diskurs überhaupt, wobei die Sprache des Klassenzimmers einfach deswegen ausgewählt wurde, weil für sie eine Reihe von Beschränkungen gilt, die den Einstieg in die allgemeine Diskursanalyse erleichterte und auf den Weg brachte.

Es sind dies alles aber keine Didaktiken und deswegen für die Unterrichtspraxis nicht unmittelbar verwendbar.

Rod Ellis' Buch *The Study of Second Language Acquisition*[6] berücksichtigt die Didaktik durchaus, ist aber mehr ein Forschungsbericht und mit seinen 824 Seiten schwer zu bewältigen.

Bleibt noch Tony Lynch, *Communication in the Classroom*[7]. Dieses Buch legt den Schwerpunkt auf Didaktik und ist sehr lesenswert. Es konzentriert sich aber nicht allein auf *teacher talk*, sondern bezieht den Unterricht der vier Fertigkeiten ein und geht nicht eigentlich von schulischen Verhältnissen aus, sondern zur Hauptsache von Kursen an der Universität Edinburgh und von Schüler-Lehrer-Gespächen "in a nonclassroom setting". Auf seine Darstellung wird im Weiteren wiederholt Bezug genommen, wo immer seine Beiträge von besonderem Nutzen sind.

Daneben gibt es eine stattliche Zahl von Aufsätzen zur Unterrichtssprache, die jeder für sich wertvolle Hinweise zu bestimmten Fragen geben.

In der vorliegenden Schrift wird der Versuch gemacht, die relevante Literatur zur Sprache des Lehrers im Fremdsprachenunterricht vorzusortieren, zusammenzustellen, kritisch zu sichten und für praktische Unterrichtszwecke auszuwerten. Dabei werden langjährige eigene Beobachtungen und Erprobungen mit Lehramtskandidaten und den sie betreuenden Fachlehrern, ihren Mentoren an der Schule, hinzugezogen. Schulpraktika, Seminare und Lehrerfortbildungskurse hatten Gelegenheit gegeben, alle Einzelheiten des gewählten Themas genauer zu studieren. Die Seminare wurden übrigens konsequenterweise grundsätzlich auf Englisch abgehalten. Daher sind Tabellen, Übersichten und alle Fachausdrücke auf Englisch wiedergegeben worden.

Alles in allem ist das Ganze überschaubarer geworden, und so lassen sich bestimmte Tendenzen herauslesen, die eine gewisse Orientierungshilfe bieten können. Es bleibt dann noch etwas Raum für *common sense* und viel Raum für die eigene Entscheidung.

Wie weit die eingangs getroffene Behauptung berechtigt ist, kann jeder selbst entscheiden, wenn er das Folgende gelesen hat, auch wenn wir uns nicht mit allen Aspekten des Fremdsprachenunterrichts auseinandersetzen werden, sondern nur

---

[6] Oxford: Oxford University Press 1994.
[7] Oxford: Oxford University Press 1996.

mit einem ausgewählten Bereich, der Unterrichtssprache (*classroom discourse*) mit dem Schwerpunkt auf der Sprache des Lehrers (*teacher talk*). Dieser Bereich ist mit so vielen anderen verzahnt, dass Aussagen über ihn weitgehend auch für andere gelten,[8] zumal für den Fremdsprachengebrauch der Schüler, der entscheidend von dem der Lehrer abhängt.

Es wird hier ein vermittelnder Weg eingeschlagen, der die Ergebnisse der Sprachlernforschung berücksichtigt, aber sehr kritisch daraufhin überprüft, ob sie zu praktikablen Unterrichtsmethoden führen, die dem selbständigen Lernen nicht im Weg stehen, sondern ihm förderlich sind. Mit anderen Worten: Was sich bewährt hat, wird nicht über Bord geworfen, solange es sich mit den Forderungen eines modernen Fremdsprachenunterrichts vereinbaren lässt. Bei ambivalenten Forschungsergebnissen kann man sich getrost an das halten, was die Erfahrung gelehrt hat. Solche Erfahrungen muss man nicht immer selber gemacht haben. Gerade Berichte über die Erfahrungen anderer können oft weiterhelfen.

Einigen Kapiteln sind Anwendungsbeispiele hinzugefügt. Sie dienen natürlich nicht schulischen Zwecken, sondern bieten Gelegenheit, die Relevanz des Vorhergehenden zu überprüfen. In jedem Falle werden authentische Unterrichtsausschnitte zugrunde gelegt, an denen sich das jeweilige Phänomen studieren lässt. Die Fragen zielen auf die Aspekte ab, für die der gewählte Ausschnitt signifikant Aufschluss gibt. Auf diese Fragen werden Antworten vorgeschlagen, die noch einmal am konkreten Fall verdeutlichen sollen, was in den vorhergehenden Ausführungen nicht so nahe an der Unterrichtswirklichkeit illustriert werden konnte. Es bleibt selbstverständlich jedem überlassen, seine eigenen Schlussfolgerungen zu ziehen.

Fast alle Anwendungsbeispiele wie auch der überwiegende Teil der Sekundärliteratur beziehen sich auf den Englischunterricht. Es gibt einige wenige Proben aus dem Deutschunterricht an der Schule und in der Erwachsenenbildung. Ich glaube jedoch, dass die zugrunde gelegten Prinzipien für den Unterricht *aller* modernen Fremdsprachen gelten, nur nicht für den altsprachlichen Unterricht, der gänzlich andere Lernziele und demzufolge andere Vermittlungsmethoden hat.

Dank schulde ich Herrn Kollegen Finger für sein aktives Interesse und Frau Kollegin Angela Sprotte, M.Phil., für die kritische Durchsicht der *Classroom Phrases*. Außerdem möchte ich an dieser Stelle allen Studentinnen und Studenten dafür danken, die die mühselige Arbeit der Stundenprotokolle auf sich genommen und schon vorsichtig ausgewertet hatten. Ebenfalls möchte ich den Lehrern und Lehrerinnen danken, die ihr Einverständnis zu den Tonbandaufnahmen gaben.

---

[8] Vgl. auch Glyn Hughes: "Because classroom activities are so diverse it is tempting to suggest that an entire teaching syllabus, even methodology, could be built around the use of classroom management phrases." (*A Handbook of Classroom English*. Oxford 1981, S.7). Ersetzt man *classroom phrases* durch *classroom discourse*, so ist dem rückhaltlos zuzustimmen.

In diesem Zusammenhang möchte ich darum bitten, die Unterrichtsmitschnitte nicht mit Videoaufzeichnungen zu vergleichen. Die letzteren werden im Allgemeinen nicht ohne vorherige Proben durchgeführt. Dadurch zeigen Lehrer wie Schüler optimale Leistungen, die nicht dem Schulalltag entsprechen. Die hier verwendeten Mitschnitte sind – mit Ausnahme von einigen Unterrichtsprotokollen aus dem Gymnasialunterricht, die mir Professor Gerd Kaiser dankenswerterweise zur Verfügung gestellt hat – alles Tonbandaufzeichnungen von ungeprobten Unterrichtsstunden. Der Vorteil ist der, dass sich die Schüler durch das laufende Tonbandgerät nicht auch nur annähernd so beobachtet fühlen, wie wenn Kameras auf sie gerichtet sind. Tonbandaufnahmen fangen die Realität ungeschönt ein. So zeigt es sich denn auch, dass die aufgezeichneten Stunden nicht in jeder Hinsicht vorbildlich sind. Dennoch haben sich Lehrer mit ihren Klassen der Kritik gestellt, allerdings mit der Zusicherung, dass ihre Namen nicht genannt werden. Daran will ich mich auch weiterhin halten.

Kirchzarten, im Frühjahr 2001

1 *Teacher Talking Time (TTT)*

1.1 Die Bedeutung der Lehrersprache im Fremdsprachenunterricht

Bevor wir den ausgewählten Aspekt der Lehrersprache im Fremdsprachenunterricht systematisch angehen, sollten wir uns zunächst einmal darüber klar werden, welche Bedeutung der Lehrersprache im Unterricht überhaupt zugemessen werden muss. Damit gelangen wir sofort an einen äußerst kontroversen Punkt:

Wer den *silent way* für den einzig wahren hält, für den kann die Lehrersprache keine entscheidende Rolle spielen, weil sie ja nur äußerst zurückhaltend ins Spiel kommt.

Aus der Tatsache, dass der Lehrer sogar in einem Unterricht, der stark mit Medien arbeitet, das weit überwiegende Sprachvorbild ist, folgern wieder andere, dass er dann auch viel reden müsse.

Über den *silent way* brauchen wir nicht lange zu diskutieren. Robert O'Neill hat in seinem Aufsatz, "*The plausible myth of learner-centredness*"[9], ein sehr aufschlussreiches Beispiel geschildert, in dem eine Lehrerin lediglich Materialien und Aufgaben stellte, im Übrigen aber die Lerner sprechen, nein, stammeln ließ, eben ihrem Lernfortschritt entsprechend. Um es gleich zu sagen: Dieses Beispiel wollen wir uns nicht zum Vorbild nehmen. Der *silent way* mag ein Extremfall sein, aber dass der Lehrer seine Rede zeitlich beschränken solle, damit die Schüler mehr Gelegenheit zum Sprechen bekämen, ist sicherlich jedem Sprachlehrer als wichtiger Grundsatz schon zu Ohren gekommen. Wie sehr auch in England die Redezeit des Lehrers als etwas Problematisches gesehen worden ist, geht zum Beispiel aus einer Rezension zu Michael Lewis' Buch *The Lexical Approach* hervor:

> The main priority is to get students talking and so avoid that cardinal sin so many of us were trained to avoid at all costs – TTT (Teacher Talking Time, for those lucky enough to have avoided the concept.).[10]

Richard Cullen, der ebenfalls über *TTT* als eine erst kürzlich überwundene Gefahrenzone berichtet, kommt zu dem Schluss:

> Interest in teacher talk within the profession has since shifted away from a concern with quantity towards a concern with quality: while the question of how much teachers talk is still important, more emphasis is given to how effectively they are able to facilitate learning and promote communicative interaction in

---

[9] *ELTJ* 45/4.1991, S. 293-295.
[10] Geoff Hall. *ELTJ* 48/4.1994, S. 362.

their classroom through, for example, the kind of questions they ask, the speech modifications they make when talking to learners, or the way they react to student errors.[11]

Gerade mit den hier genannten Themen (und anderen) wollen wir uns in der vorliegenden Arbeit auseinandersetzen.

Robert O'Neill stellt die These auf:

> There are stages of language-development in which good teacher-talk is probably the single most important kind of input.[12]

Michael Lewis nimmt zum Thema *TTT* eine radikalere Position ein:

> In most classrooms abroad, the teacher is the best source of listening for students. With caution, increase teacher talking time![13]

Diese Auffassung erhält weitere Nahrung aus dem Konstruktivismus. Dieter Wolff hat dessen hohe Relevanz für den Fremdsprachenunterricht dargelegt und dabei zunächst authentische Materialien, dann aber auch authentische Interaktion gefordert.[14] Wenn im Unterrichtsdialog dazu überhaupt ein Partner in der Lage ist, dann doch wohl der Lehrer.

1.2 Lehrersprache als Quelle für das rezeptive Lernen

Was der Lernende in sein Wissen aufnimmt (*intake*), kann nach Auffassung der Konstruktivisten kaum beeinflusst werden. Der alte Spruch, "You can take a horse to water but you can't make him drink", trifft nirgendwo so sehr zu wie beim Unterricht. Der Lernende wählt unwillkürlich aus dem Dargebotenen das Behaltenswerte aus; aus einem eingeschränkten Angebot (*input*) kann es nicht so viel sein wie aus einer sprachlichen Fülle.

Fundgruben für die Lerner sind nun weniger die altbewährten Nachsprechübungen oder die unerlässlichen Hörverstehensübungen unter Einsatz von Tonbändern. Sicherlich, mit auditiven Materialien lässt sich das Sprachmuster in größerer Menge und Authentizität ins Klassenzimmer holen. Gut ausgewählte Hörtexte können auch motivierend sein und damit sprachlich einen tieferen Eindruck hinterlassen als Fil-

---

[11] Richard Cullen: "Teacher talk and the classroom context". *ELTJ* 52/3.1998, S.179. Aber noch in demselben Heft schließt sich ein Aufsatz an, der unbeirrt von folgender Prämisse ausgeht: "The emphasis in our training courses on more student-centred activities and *less teacher talk is important...*" [Meine Hervorhebung] (Jill Cadorath/Simon Harris: "Unplanned classroom language and teacher training". *ELTJ* 52/3.1998, S. 192).
[12] "The Myth of the Silent Teacher". *Praxis* 4.1998, S. 370.
[13] *The Lexical Approach. The State of ELT and a Way Forward.* Hove: Language Teaching Publications 1993, S.193.
[14] Dieter Wolff: „Der Konstruktivismus: ein neues Paradigma in der Fremdsprachendidaktik?" *DNS* 5.1994, S. 407-429, insbesondere S. 417f., S. 427.

me, wo es die Konzentration auf das Bild und das Sehverstehen teilweise verhindern, dass auf die Sprache überhaupt geachtet wird. Das Hörverstehen trägt entscheidend zum Sprachenlernen bei und ist von den vier sprachlichen Fertigkeiten neben dem Leseverstehen die wichtigste.

Sprechen und Hören können nur bei zwei Gesprächspartnern im Idealfall im Verhältnis von eins zu eins stehen. Schon bei drei Gesprächspartnern hat der einzelne Anspruch auf nur ein Drittel der Zeit, während er die übrigen 2/3 der Zeit zuhört. Entsprechend setzt sich das fort mit 1/4 der Zeit bei vier Gesprächspartnern, 1/10 bei 10 Partnern u.s.w. Bei Gleichberechtigung aller hat also in der Klasse ein Schüler ohnehin wenig Redezeit, bekommt aber viel zu hören.

Wenn sich auf diese Weise die Sprechzeit der Schüler verringert, muss dies nicht unbedingt ein Nachteil sein. Man erinnere sich an eine alte Volksweisheit:

> Hear much, speak little.

Eine erweiterte Fassung macht das Anliegen deutlicher:

> There was an owl lived in an oak,
> The more he heard, the less he spoke.
> The less he spoke, the more he heard. –
> Why can't we all be like that bird?

Für den einzelnen Lerner kann der Dialog zwischen dem Lehrer und einem anderen Schüler durchaus lohnend und profitabel sein.

> Listening to other students in teacher-led lessons may be more important for learning than direct learner participation.[15]

Man sollte sich außerdem darüber im Klaren sein, dass sprechen nicht nur durch Sprechen gelernt wird, sondern zunächst einmal durch Hören. So erwirbt der Mensch die Sprechfertigkeit im Kleinkindalter etwa ein ganzes Jahr lang ausschließlich durch Hören. Nicht viel anders kann es beim Erwerb einer Zweitsprache sein. Bekannt ist die Geschichte eines englischen Botschaftsangehörigen in der Türkei, der im Amt sieben Jahre lang mit der Bevölkerung ausschließlich auf Englisch verkehrte und erst bei einem Autounfall irgendwo in Anatolien gezwungen war, mit den hilfsbereiten Dorfbewohnern türkisch zu sprechen. Zu seiner eigenen Überraschung konnte er das problemlos. Schließlich hatte er es in den sieben Jahren nicht vermeiden können, tagtäglich türkisch zu hören.[16]

Wie kann man nun behaupten, dass "the teacher ... the best source of listening for students" sei? Anders als die Tonbandmaterialien steht der Lehrer in jeder einzel-

---

[15] Rod Ellis: *The Study of Second Language Acquisition.* Oxford: Oxford University Press 1994, S. 606.
[16] Mit einer ähnlichen Geschichte argumentierte schon F. L. Billows: *The Techniques of Language Teaching.* London: Longman 1961, S. 35f.

nen Stunde zur Verfügung und ist die einzige Instanz, die den Gebrauch der Fremdsprache spontan demonstrieren kann. Dies nicht in einer nur vorgestellten oder vergangenen Situation, sondern jetzt und hier in der Lebenswirklichkeit, in einem für die Schüler deutlichen Zusammenhang, in den sie eingebunden sind und der sie selber persönlich betrifft. Dabei muss sich der Schüler nicht auf das Zuhören beschränken, sondern kann sich am Unterrichtsgeschehen interaktiv beteiligen. Seine Beiträge sind zunächst notgedrungen kurz und sprachlich unvollkommen, teilweise sogar nur durch Gestik und Mimik verständlich oder durch den Gebrauch der Muttersprache. Aber er kann so erreichen, dass der Lehrer sich auf seine Bedürfnisse einstellt und ihm nicht Englisch aus der Konserve anbietet, sondern frisch, dem Bedarf des Augenblicks entsprechend.

1.3 Das Verhältnis von Sprachrezeption zu Sprachproduktion

Don't make them run before they can walk.

Lehramtsanwärter sind zu oft ermahnt worden, den Redeanteil der Schüler im Sprachunterricht zu erhöhen. Das Resultat war und ist vielfach noch heute, dass man die Schüler zum Sprechen auffordert, bevor sie die erforderlichen Sprachmuster überhaupt kennen. Die Folge ist, dass den Schülern in solch einer Situation bewusst wird, dass sie ein erhöhtes Risiko eingehen, Fehler zu machen. Sie übersetzen, so gut sie können, aus der Muttersprache und stammeln etwas zusammen, das ohne Kenntnis ihrer Muttersprache gar nicht verständlich wäre. Bereits 1961 erkannte Billows:

> They [the learners] must therefore never be expected to speak before they are quite ready to do so ... If the teacher tries to hurry the process, the learners may be uncertain of what to say, make mistakes and lose confidence.[17]

In vielen Unterrichtsstunden, bei denen ich als Berater oder Prüfer zugegen war, wurde mir deutlich, dass die Schüler hier die Fremdsprache erst einmal erfinden mussten!

Erst 1998 findet sich in der Fachliteratur ein Kommentar eben dazu:

> What good is a methodology that seems to believe that teachers should always 'elicit' information from the class, get them talking in pairs or groups, etc. These are students struggling with the simplest elements of the language. Where are they supposed to get the English to express themselves? Does anyone seriously suppose that they discover or invent the language they need through some kind of magic?[18]

---

[17] *Ebd.*, S. 5.
[18] Robert O'Neill: "The Myth of the Silent Teacher". *Praxis* 1998, S. 370.

See? I've got them talking!

O'Neill stellt im Anschluss an Nord fest, dass ein solches Verfahren die Schüler auch demotiviert.[19]

Das sollte genügen, um zu zeigen, dass der Weg zur Sprachproduktion über ein hinreichendes Maß an Rezeption führen muss. Das gilt nicht nur für das Erlernen der Grammatik[20], sondern auch aller anderen Aspekte der Sprache. Batstone stellt dazu fest:

---

[19] James R. Nord: "Developing Listening Fluency before Speaking: An alternative Paradigm". *System* 1.1980, S. 1ff.
[20] Dazu ausführlicher Herwig Wulf: „Rezeptiv – ein Rezept für den Grammatikunterricht?" In: Udo O. H. Jung, (Hg.): *Praktische Handreichung für Fremdsprachenlehrer.* Frankfurt/Main, Berlin: Peter Lang 1998, S. 316-322.

> Recent research suggests: Tasks which promote the premature production of language may be less effective than tasks encouraging the receptive processing of input.[21]

Was wir tun müssen, ist, den Schülern Zeit lassen, sich mit der Fremdsprache im Stillen auseinanderzusetzen.

> Learners typically go through silent periods while they are learning. It is especially during these silent periods that good teacher-talk of the kind I have in mind is especially useful.[22]

James Nord propagiert einen regelrechten *comprehension approach*. Er stellt fest, dass für einen großen Teil der Aussteiger aus Fremdsprachenkursen das Beharren auf Sprechübungen im ersten und zweiten Lernjahr verantwortlich sei. Sprache dürfe nicht länger mit *Talk* identifiziert werden.

> Rather, language is viewed as an internal cognitive structure, a symbolic system, which both aids thinking within the individual and which acts as the guidance system in interpersonal communications.[23]

Das impliziert, dass Sprechen für das Sprachenlernen nicht erforderlich ist. Nord zitiert Postovsky, der an einem Russischkurs für Stenographen beteiligt war. In diesem Kurs wurde hauptsächlich Russisch gehört und das Gehörte notiert. Am Ende des Kurses sei Postovsky überrascht gewesen, dass die Stenographen nicht nur Russisch verstehen und schreiben konnten, sondern auch sprechen, und zwar mit besserer Aussprache und weniger grammatischen Fehlern als die Teilnehmer an einem audiolingualen Kurs.[24]

Noch überzeugender sind die rezeptiven Englischkurse in frankophonen Teilen von Neu-Braunschweig, Kanada. Hier sind Kinder vom dritten bis zum sechsten Schuljahr auf vollkommen rezeptiver Basis in die Fremdsprache eingeführt worden. Die Prinzipien des Unterrichts sind:

– Die Lerner werden einem reichhaltigen Angebot von *comprehensible input* ausgesetzt.
– Verstehen soll dem Produzieren vorausgehen, und die Produktion soll nicht forciert werden.
– Lernen soll in einem lockeren, spannungsfreien Atmosphäre vor sich gehen.
– Verschiedene Lerner lernen in unterschiedlichem Lerntempo.
– Die Schüler lernen eigenverantwortlich.[25]

---

[21] Rob Batstone: "Noticing". *ELTJ* 50/3.1996, S. 273.
[22] Robert O'Neill: "The Myth of the Silent Teacher". *Praxis* 1998, S. 370.
[23] James R. Nord: "Developing Listening Fluency before Speaking: An alternative Paradigm". *System* 1.1980, S. 10.
[24] *Ebd.*, S. 5.
[25] Patsy Lightbown: "Can they do it themselves? A comprehension-based ESL course for young children". In: R. Courchêne (Hg.): *Comprehension-Based Second Language Learning*. Ottawa: University of Ottawa Press 1992, S. 355f.

Die Lernmaterialien sind Bücher mit Bildern und unterschiedlichen Textmengen. Diese Texte sind alle auf Tonband-Kassetten verfügbar. Es gibt eine grobe Einteilung dieser Materialien in solche für Anfänger und solche für Fortgeschrittene, aber keine feinere Progression. Die Schüler arbeiten daran täglich eine halbe Stunde in Freiarbeit mit lediglich organisatorischer Hilfe.

Tests am Ende des jeweiligen Schuljahres, insbesondere nach drei Lernjahren, erbrachten, dass die rezeptiv Geschulten nicht nur einen höheren Vokabelschatz hatten, sondern dass sie außerdem der Vergleichsgruppe, die traditionell unterrichtet wurde, im Sprechen überlegen waren. Welche Rolle dabei die Schülerautonomie, die Stressfreiheit oder das Prinzip „Verstehen vor Produktion" jeweils spielte, ist noch nicht geklärt. Auf jeden Fall ist der Beweis erbracht, dass rezeptives Sprachenlernen sich auch ohne Übung in der Sprachproduktion unmittelbar auf die Performanz auswirkt und sogar bessere Ergebnisse liefern kann.[26]

Nord beruft sich auf weitere Sprachlernforscher (Winitz und Reeds) mit dem Argument, dass Kleinkinder zuerst verstehen und dann sprechen lernen und dass die Reihenfolge: Verstehen zuerst, Sprechen danach, eine funktionale Eigenheit des menschlichen Hirns sei.

> Therefore we take the point of view that foreign language instruction should discourage speaking until a high degree of comprehension is achieved, that is until the student can understand non-technical conversation and decode it with ease.[27]

Man müsse einen klaren Unterschied machen zwischen *allowing* students to speak und *forcing* students to speak.

Bei vorzeitigem Sprechzwang werde weniger Hörverstehen geübt, weil Vokabeln und Strukturen auf das beschränkt würden, was von den Lernern auch gesprochen werden kann und soll, und die Progression schreite langsam voran, weil das Sprechenlernen längere Zeit beanspruche als das Verstehen.

Positiv ausgedrückt, berücksichtigt Nord damit die Tatsache, dass das sprachliche Niveau im rezeptiven Bereich deutlich höher liegt – man denke daran, wieviel größer allein der passive Wortschatz ist als der aktive – und man auf diese Weise auch anspruchsvollere Themen behandeln kann. Dies dürfte wiederum die Motivation des Lerners beleben.

---

[26] Vgl. auch Helmut J. Vollmer: „Immersion und alternative Ansätze des Fremdsprachenerwerbs in Nordamerika: Probleme des Transfers in die Bundesrepublik Deutschland". *Zeitschrift für Fremdsprachenforschung* 3(2).1992, S. 25-28, bes. S. 27.
[27] James R. Nord: "Developing Listening Fluency before Speaking: An alternative Paradigm". *System* 1.1980, S. 5.

Nach Nord ist das Sprechen ein Indikator für das Lernen, aber nicht seine Voraussetzung. Jemand, der mehr sprechen müsse als er eigentlich könne, werde unausweichlich auf die Sprache zurückfallen, die er kenne, nämlich seine Muttersprache.

Das erklärt viele der beobachteten Lernschwierigkeiten und stimmt mit unseren bisherigen Feststellungen überein. Das Hörverstehen wirkt sich auf das Sprechen aus, aber für einen Transfer vom Sprechen zum Hörverstehen gibt es keinen Nachweis. Hinzu kommen nach Nord Ergebnisse der Hirnforschung, die in die gleiche Richtung weisen. Sie hier wiederzugeben würde jedoch zu weit führen.

Wir haben Kenntnis von anderen Sprachlernmethoden, die dem Paradigma Nords zu widersprechen scheinen, z. B. kanadische Immersions-Programme. Allgemein scheinen sie nicht so erfolgreich zu sein, wie sie eigentlich sein müssten, wenn man bedenkt, dass dort die Schüler jahrelang der Fremdsprache unter Ausschluss der Muttersprache ausgesetzt werden. Eine Untersuchung der Ursachen, die Swain durchführte,[28] stellte zunächst fest, dass die Schüler trotz siebenjährigem Unterricht auf Französisch in allen Fächern in schriftlichen Tests (*writing and grammar*) schlechter abschnitten als ihre Mitschüler mit Französisch als Muttersprache. Die Französisch-Lernenden konnten flüssig miteinander französisch sprechen, aber sie brauchten dafür kein korrektes Französisch zu beherrschen. Auf Grund ihrer gemeinsamen Muttersprache (Englisch) verstanden sie einander auch mit Pidgin-Einlagen, die jemand ohne Englischkenntnisse nicht verstehen würde.

Unter unseren Unterrichtsmitschnitten fehlen dafür Belege, weil Schüler im Sprachunterricht selten untereinander englisch sprechen. Das gilt mit wenigen Ausnahmen auch für Gruppenunterricht, wo sie dazu reichlich Gelegenheit hätten. (Mehr dazu unter 9.5). Es gibt aber auch den Fall, dass der Lehrer irrtümlich erfundene Wendungen von den Schülern übernimmt, so dass auch bei Beteiligung eines Lehrers ein *classroom pidgin* entstehen kann:[29]

Dazu ein Beispiel. Es geht darum, wie man in England telefoniert.

    P First you lift the receiver ... and then you + have some money.
    T What do you do with the money? Look what they say here [im Buchtext]. What do you do with the money?
    P You must +

---

[28] Merrill Swain: "Communicative Competence: some roles of comprehensible input and comprehensible output in its development". In: S. M. Gass/C. G Madden (Hgg.): *Input in second language acquisition*. Rowley, Mass.: Newbury House 1985, S. 235-253. Referiert bei Tony Lynch: "Nudge, nudge: teacher interventions in task-based learner talk". *ELTJ* 51/4.1997, S.18f. Lynch referiert auch die Ergebnisse weiterer Untersuchungen, die die wichtige Rolle des Lehrers belegen. Ich komme darauf noch zurück, wenn ich die Formen der Fehlerkorrektur bespreche (unter 9.2., S. 114).

[29] *Classroom pidgin* unter Beteiligung von Lehrern hat auch Gert Solmecke beobachtet: „Aufgabenstellungen und Handlungsanweisungen im Englischunterricht". *Praxis* 1998, S. 35.

T Well, do you eat it?
P Throw it in.
T Yeah.
P You must throw it in and ...
T What do you do next?

Das gegenseitige Verstehen beruht auf der gemeinsamen Muttersprache.

Aus solchen Fällen ist zu folgern, dass für einen Lernzuwachs in Richtung *accuracy* und damit erhöhte Kommunikationsfähigkeit die Orientierung an einem *native speaker* oder einem kompetenten *non-native* Lehrer notwendig ist. Es muss wohl nicht erst gesagt werden, dass dieser Lehrer auch sprechen muss, um eine solche Orientierung abzugeben.

Ein bequemer Weg, den Sprechanteil der Schüler zu erhöhen, könnte das **laute Lesen** sein. Das Verlesen von geschriebener Sprache ist aber nicht, was wir mit Sprachproduktion meinen. Sprechen ist in unserem Zusammenhang immer die Verwendung der Sprache als Kommunikationsmittel, nicht die Wiedergabe von ursprünglich geschriebener Sprache, seien es Gedichte oder gesprochene Prosa, Lehrbuchtexte in narrativer oder dialogischer Form. Diese haben im Englischunterricht durchaus ihren Platz, in erster Linie aber für die rezeptive Sprachaufnahme und als Ausgangspunkt für Gespräche über die angesprochenen Themen, dann auch für phonetische und intonatorische Übungen. Dazu ist auch das laute Lesen tauglich, wenn es als Vorbereitung von gespielten Dialogen, Sketchen und kleinen Theaterstücken dient. Solche Texte müssen dann auswendig beherrscht werden, und es wäre misslich, wenn auf diese Weise unrichtige Aussprache und unenglische Intonation eingeübt würden. Das laute Lesen mit dem Text vor Augen und dem Klangbild im Ohr (das der Lehrer geliefert hat) ermöglicht die Konzentration auf die Aussprache und erfüllt so seinen Zweck. Es steht außer Frage, dass die Schüler sich daran gewöhnen müssen, "*to get their tongues round the English sounds*". Während mitteilungsbezogener Äußerungen liegt die Aufmerksamkeit bei der Sprechintention. So hat das laute Lesen als Ausspracheübung und als Vorbereitung zum darstellenden Spiel seine Berechtigung. Alle anderen Anlässe, bei denen das laute Lesen eingesetzt werden kann und wohl immer noch wird, sei es nun als disziplinarische Maßnahme[30] oder weil es manche Schüler gern tun[31] oder eben als scheinbare Erhöhung der Schülersprechzeit, sind eindeutig kontraproduktiv. Das braucht hier nicht weiter begründet zu werden. Diese Aufgabe hat Manfred Arendt bereits 1982 erledigt.[32]

---

[30] Es war eine überraschende Erfahrung für mich, dass ich als Hilfslehrer, noch vor meinem Referendariat, eine aufsässige Klasse erst zur Ruhe brachte, indem ich sie vorlesen ließ.
[31] Diesen Hinweis verdanke ich einem Kollegen: „Schüler lesen meist gern Satz für Satz aus dem Buch vor. – Auch dies kann der Lehrer ‚verderben', indem er dazwischen korrigiert."
[32] „Plädoyer gegen das laute Lesen: Flogging a dead horse?" *Englisch* 2.1982, S. 41-44.

1.4 Quantität und Qualität der Lehrersprache

Wieweit die wünschenswerte Quantität von *TTT* abhängig von der Qualität sein kann, ist aus folgendem Beispiel ersichtlich.

Auszug aus dem Protokoll einer Unterrichtsstunde in einer 7. Realschulklasse

T One boy has a cassette recorder and what happens to this cassette recorder?

P The cassette recorder is dropping down.

T Yes, he drops the cassette recorder. Why does the boy fall?

P Because the boy slipped on the wet road.

T Yes, when is the road wet? When is a road wet?

P When it is raining.

T Yes, when it is raining the road is wet and then you can slip. There is another situation in winter when you slip on the road. What is then ... in winter ... the cars sometimes slip too ... when there is ice on the road you can slip or when it is wet you can slip.
Now, he drops the cassette recorder and now is he sad. Why is he sad? ...

P They are trying to repair the cassette recorder.

T Yes, they are trying to repair it. ... And now we want to read it in the text near the picture. Come on, who reads? ... Beate.

(PP lesen laut, T verbessert)

T OK When they tried to repair it they did not succeed. The cassette did not work. Now the boys wanted to help Mark. Now you remember the list of the free gifts. What was also on the list? ... and the boys remember it now. Look at the list of free gifts. What was on the list? ... Carola?

P A bar of chocolate, a poster of a pop star, and a cassette recorder.

T And of what do they think now? ... the cassette recorder is broken and now they remember the list.

P They want the cassette recorder.

T Yes, they want the cassette recorder from the Windsor chocolate factory. Now what must the boys do to get the cassette recorder? What must they do to help Mark?

P They must hundred ...

T They must collect.

P They must collect hundred pictures for the cassette recorder

T Yes, all the boys must eat chocolate now. They buy chocolate, chocolate, chocolate and they eat it. – They collect the pictures and when they will have got one hundred, then they want to try to get the cassette recorder, you see. Now we read the text to the picture number five. No finger?

Die *TTT* hat hier deutlich das Übergewicht. Die Frage ergibt sich, ob die Schüler aus dem, was sie hören, einen Vorteil gewinnen. Der Unterrrichtsdialog ist also daraufhin zu untersuchen,

1. ob die Lehrersprache korrekt ist, nicht nur rein sprachlich, sondern auch kulturell (letzte Zeile!);
2. ob Redundanzen vorhanden sind, die das Verständnis erleichtern und/oder neues Sprachmaterial aus der Situation heraus unmittelbar verständlich einbringen (vgl. Kapitel 3.5);
3. ob die Lehreräußerungen motivierend wirken. Dabei müsste man sich fragen, ob die Schüler nicht wenigstens teilweise selber das bringen könnten, was der Lehrer sagt. Dazu müsste ihnen genügend Zeit gelassen werden (s.u., unter 6.2, *wait time*). Außerdem ist das geistige Niveau des Unterrichtsdialogs zu berücksichtigen. Gerade im Sprachunterricht besteht die Gefahr für den Lehrer, dass er unwillkürlich von dem noch unterentwickelten sprachlichen Fortschritt auf geistige Unterentwicklung überhaupt schließt. Folgender Graffito scheint eigens für die Schule verfasst:

> Just because I speak not English, don't mean I deaf.[33]

In der Sprache eines Hochschullehrers heißt das so:

> In order to be a wit in a foreign language you have to go through the stage of being a half-wit.[34]

Diskussion

Zu 1.
Hinsichtlich der Korrektheit ist die Sprache des Lehrers nicht gerade vorbildlich. Das gilt hauptsächlich für die Zeitengebung. Es müsste entweder heißen: "Why is the boy falling?" (Bildbeschreibung) oder "Why did the boy fall?" (Nacherzählung). Gemeint ist vermutlich das zweite. Die Schülerantwort ist korrekt und wird so auch akzeptiert. Dann wechselt der Lehrer ins „historische Präsens" (im Englischen nicht die Regel), müsste dann aber sagen: "He *(ha)s dropped* the cassette recorder and now he is sad."

Die letzte Lehreräußerung in dem Ausschnitt enthält gleich zwei Fehler. Das *future perfect* ist fehl am Platze, und es sollte heißen: "... when they (ha)ve got a hundred they'll try to get the cassette recorder." – "Now we read ..." ist die gleiche Art von Missgriff wie vorher "Who reads?" und wäre durch "Let's read ..." bzw. durch "Who would like to read?" zu ersetzen.

---

[33] Roger Kilroy: *Graffiti: The Scrawl of the Wild and Other Tales from the Wall*. London: Guild Publishing 1985, S. 206.
[34] Peter Harder: "On the reduced personality of the second-language learner" (1981), zitiert bei Tony Lynch: *Communication in the Language Classroom*. Oxford: OUP 1996, S. 70.

Pragmatisch unpassend ist "And now we want to read ..." (Dazu ausführlicher unter 3.2)

"No finger?" ist schon deswegen problematisch, weil in England und Amerika die Schüler sich durch Handaufheben zu Wort melden.

Zu 2.
Redundanzen treten hauptsächlich als Wiederholungen auf. Auch das Lehrerecho bringt den Schülern nichts Neues. Es ist bei diesem Lehrer so eingefahren, dass es auch zur Wiederholung falscher Schüleräußerungen führt: "Yes, when it is raining, the road is wet" (als generelle Feststellung wäre wohl eher "when it rains" angebracht).

In dem Zusammenhang hätte die treffendere Vokabel *skid* (statt *slip*) ohne weitere Erklärung eingeführt werden können.

Hilfreich könnten die Umformulierungen sein: "When they tried to repair it they did not succeed. The cassette did not work" und "What must the boys do to get the cassette recorder? What must they do to help Mark?"

Zu 3.
Es ist stark anzunehmen, dass die Schüler hier vieles hätten selber sagen können, was der Lehrer ihnen erzählt, insbesondere die wiederholten Erklärungen zur Straßenglätte, die den Schülern in der Sache nun wirklich nichts Neues sagen können und die einer von ihnen ja schon auf Englisch gesagt hat (bekannte Sachverhalte in der Fremdsprache zu formulieren ist natürlich schon eine gewisse Leistung).

Insgesamt haben wir in diesem Ausschnitt einen klaren Fall von einem Lehrer als Quasselstrippe. Viel *TTT* kann tatsächlich ein negatives Beurteilungskriterium sein.

Zusammenfassend lässt sich sagen: Es kann eigentlich nicht zuviel *TTT* geben, es sei denn, die Lehrersprache ist nicht auf das Schülerniveau abgestellt. Man könnte also angemessene oder unangemessene Lehrersprache unterscheiden, *effective or ineffective teacher talk*.

Stellen wir die beiden einander gegenüber:

effective teacher talk	*ineffective teacher talk*	Näheres unter
inhaltlich ansprechend, sprachlich lebendig: die Schüler hören gern zu	inhaltlich ohne Informationswert, sprachlich nach Progression, stereotyp: die Schüler hören nicht zu, Langweile	2 Inhalte
liefert wichtige Sprachmuster: alle Aspekte des Sprachsystems	die Schüler reden ohne die nötigen Sprachmuster, *inventing the language*	1.3 Sprachrezeption/ -produktion
liefert dazu *gambits* und paralinguale Kommunikationsmittel	sie erhalten keine Hilfe durch *gambits* und paralinguale Kommunikationsmittel	3.3.1 *gambits* u. *f.e.s*
überlässt den Schülern so viel Sprechzeit, wie sie nutzen wollen und können: *allows pupils to talk*: Selbstvertrauen	überlässt den Schülern mehr Sprechzeit, als sie mit ihren Kenntnissen nutzen können: *forces pupils to talk*: Unsicherheit	1.3 Sprachrezeption/ -produktion
liefert durch Redundanz bessere Verstehens- und Lernchancen	muss, ohne Redundanz, einfacher sein und gibt keine zusätzliche Lernchance oder streicht über die Köpfe hinweg	3.5 *Speech modifications*
Ellipsen sind erlaubt: Sprache wird natürlicher und verständlicher	die Schüler werden zu unnatürlichen Ganzsätzen gezwungen	6.3 Ganzsatzantworten

Im Folgenden möchte ich zwei Auszüge aus Unterrichtsprotokollen wiedergeben, die bei Hans Finger analysiert und kommentiert werden.[35] Die Frage ist, ob wir zu den gleichen Bewertungen gelangen, wenn wir unsere inzwischen reflektierten Kriterien anwenden.

Bei der Wiedergabe möchte ich einige wenige Änderungen vornehmen. Finger benutzt in Anlehnung an Bellack folgende Abkürzungen:

---

[35] Hans Finger: *Angewandte Linguistik für Englischlehrer*. Hamburg: Buske ²1985, S. 86-88.

SOL für *soliciting*, RES für *response* und REA für *reaction*. Ich ersetze mit Rücksicht auf die späteren Kapitel und in Übereinstimmung mit Brazil/Coulthard diese Abkürzungen mit *I* für *initiation*, *R* für *response* und *F* für *follow-up* (s.u., Kapitel 8).

Vergleich zweier Unterrichtsstile

...

Die Unterrichtsausschnitte betreffen den gleichen Lernstoff: Eine an die Wand projizierte Folie zeigt den Tageslauf eines Mädchens in einer Bildreihe. Auf den Bildern, die das Mädchen in jeweils neuen Situationen zeigen, lässt sich außerdem die jeweilige Uhrzeit ablesen. Der Unterricht hat zum Ziel, mit Hilfe der Folie bekannte Wörter und Wendungen zum Tageslauf zu wiederholen. Mit dem gleichen Material und gleicher Zielsetzung haben zwei verschiedene Lehrer Englischunterricht gehalten. Die Protokolle zeigen bemerkenswerte Unterschiede in der sprachlichen Ausgestaltung von englischem Anfangsunterricht.

Ausschnitt I *(der Lehrer zeigt auf das Bildmaterial)*

I	Now these are the parents. These are the parents of Pat. What are they doing? You.	R	They are watching TV.	F	They are watching TV. Very fine. Okay.
I	Now this is the next scene. We had it already. You can do it one more time.	R	It's twelve o'clock. Pat is sleeping.	F	Yes, good. Very fine.
I	And what time is it now?	R	It's seven o'clock.	F	Yes, good.
I	What is Pat doing?	R	Pat is sleeping.	F	She is still sleeping.
I	And what is her mother doing?	R	She is coming into the Raum.	F	Yes, she is coming into the room.
I	And what does she want to do? Why is ... why is she coming into the room? You.	R	Pat was getting up.	F/I	She must get up now.
		R	... get up.		
I	But what what is her mother doing?	R	She is ... wecking ...	F/I	Was heißt denn wecken? (*T schreibt an.*) You see, this is the word. Okay. Her mother is waking her up. Okay.
I	And who can repeat the sentence? You.	R	Her mother is waking up.	F/I	No. Her mother is already awake. Only the sentence: What is Pat's mother doing? Can you say it?
		R	Her mother is waking her up.	F	Yes, right. Okay.

Ausschnitt II *(Der Lehrer zeigt auf das Bildmaterial)*

I What time is it? It's ...	R It's nine o'clock.		
I Everybody.	R (Chor) It's nine o'clock.		
I What time is it?	R It's twelve o'clock.		
I Louder.	R It's twelve o'clock.		
I (Geste)	R (Chor) It's twelve o'clock.		
I Ich hör da immer „zwölf". It's twelve o'clock.	R It's twelve o'clock	F Yes.	
I What time is it?	R It's seven o'clock.	F/I (Geste)	
	R It's seven o'clock.	F/I It's seven o'clock.	
	R (Chor) It's seven o'clock.		
I (Geste)	R It's half past seven.		
I (Geste)	R (Chor) It's half past seven.		
I (Geste)	R It's half past eight.		
I (Geste)	R (Chor) It's half past eight.		
I (Geste)	R It's twelve o'clock.		
I (Geste)	R (Chor) It's twelve o'clock.		
I (Geste)	R It's half past five, uh four.		
I (Geste)	R (Chor) It's half past four.		
I Who is in the picture? I can see ...	R I can see Pat's mother and Pat's father.	F Good.	
I I can see ...	R I can see Pat.	F Yes.	

Gemeinsamkeiten. Beide Ausschnitte enthalten überwiegend Abfolgen des elementaren Gesprächsmusters I – R – F. Der Unterricht verläuft in beiden Fällen meist einsprachig auf Englisch.

Unterschiede. Impulse an die Schüler (Schritt I) werden im Ausschnitt II häufig durch Gesten vermittelt. Im Ausschnitt I fordert der Lehrer meistens mit „You" oder „Yes?" auf. Im Ausschnitt II dient eine Schülerantwort öfters als Modell für das Chorsprechen der ganzen Klasse. Auf diese Weise wird vermieden, dass sich alle Schüleräußerungen ausschließlich an den Lehrer richten. Gleichzeitig entwickelt sich ein neues, zweigliedriges Gesprächsmuster: I – R (einzeln) – R (Chor).

Der **Anteil der Lehrersprache** beträgt im Ausschnitt I rund zwei Drittel, im Ausschnitt II rund die Hälfte. Das für die Schüler günstigere Verhältnis im Ausschnitt II wird u.a. durch folgende Merkmale der Lehrersprache erreicht: Der Lehrer verwendet Gesten als Impulse. Der Lehrer vermeidet das „Lehrerecho" und wiederholt Schülerantworten nur, wenn eine Korrektur notwendig ist. Der Lehrer gibt das Modell einer Antwort vor und behält dies eine Zeitlang bei. Auf diese Weise entstehen Pattern- oder Drillübungen. Die Sprechzeit der Schüler wird außerdem durch Chorsprechen vergrößert.

Ausschnitt I enthält Elemente, die für Alltagsgespräche typischer sein mögen als für Sprachunterricht: unfertige Rede (vgl. den Anfang), Wiederholungen ("Yes, good, very fine"), ziellose Einwürfe ("Okay").

Die **Aufgabenstellung** im ersten Protokoll ist nicht immer so stark eingeengt wie im zweiten Protokoll. Auf den Impuls "Now this is the next scene ... You can do it one more time" kann der Schüler sowohl die Zeitangabe als auch die Handlung erwähnen: "It's twelve o'clock. Pat is sleeping." Bei der relativ freien Aufgabe, Bilder zu versprachlichen, entsteht aber auch das Risiko, dass Schüler Fehler machen oder nicht weiterwissen. Im letzten Teil des Protokolls sieht man, wie der Lehrer aushelfen muss.

Diskussion

Es sollte beachtet werden, dass es sich in beiden Fällen um Anfangsunterricht handelt und also von den Schülern keine große sprachliche Leistung erwartet werden kann. Dem Lehrer sollte daher um so eher eine sprachliche Vorbildrolle zukommen.

Wenden wir uns zunächst Fingers Kommentar zu.

Gemeinsam ist neben dem Gesprächsmuster *I-R-F*, dass der Lehrer jeweils einen Satz auf Deutsch spricht.

1. Ist dieser deutsche Satz unumgänglich? Wodurch könnte man ihn ersetzen? Unterschiedlich sind die Sprechimpulse, die im Ausschnitt II teilweise aus Gesten bestehen. Im Gedanken an ein Gespräch außerhalb der Schule sind Beschreibungen dessen, was in einem Bild dargestellt wird, sicherlich selten. Wo aber außerhalb der Schule gibt es Sprechaufforderungen durch Gesten?
Fraglich ist auch, an wen sich das Chorsprechen eigentlich richtet, wenn nicht an den Lehrer. Der Kommentar zum Anteil der Lehrersprache tendiert offenbar dahin, dem Ausschnitt II den Vorzug zu geben.

2.
a. Welchen Vorteil bringt die Zurückhaltung des Lehrers im Ausschnitt II?
b. Welcher Unterrichtsdialog kommt einer Unterhaltung näher?
c. An welchen Stellen gibt der Lehrer zusätzliche Lernchancen (i +1)? In welchem Beispiel ist die Leistung der Schüler höher?
d. Welches Unterrichtsgespräch ist motivierender?
e. Ist die Verwendung von *o.k.* im ersten Beispiel tatsächlich ziellos?
f. Wie ist die Tatsache zu bewerten, dass im ersten Beispiel das Fehlerrisiko höher ist?
g. „Im letzten Teil sieht man, wie der Lehrer aushelfen muss." Sollte man solche Situationen vermeiden?

Zu 1.
In Ausschnitt I knüpft der Lehrer (unwillkürlich?) an das Deutsch des Schülers an. Natürlich hätte die Frage auf Englisch gestellt werden können. "What's *wecken* in English?" Wichtiger ist jedoch, dass die englische Vokabel in dem Moment, wo der Bedarf auftritt, ohne weitere Erklärung geliefert wird. Wie sie dann zu verwenden ist, ergibt sich aus dem weiteren Verlauf.
In Ausschnitt II ist die deutsche Bemerkung des Lehrers weniger deutlich motiviert und eigentlich nicht notwendig, außer vielleicht „zwölf". Man hätte also sagen können: "Some people seem to say *zwölf*." Auf jeden Fall wird auch hier der Tendenz der Schüler, in die Muttersprache zu verfallen, entgegengewirkt.

Zu 2.
a. Die Zurückhaltung des Lehrers in Ausschnitt II schafft ohne Frage mehr Sprechzeit für die Schüler.
b. Dafür können sie aber auch nicht das Gefühl haben, sie nähmen an einer Unterhaltung teil. Das trifft eher für Ausschnitt I zu, wo die Schüler, zwar innerhalb eines eng gesteckten Rahmens, doch frei wählen können, welche Tätigkeit sie beschreiben wollen und ob sie die Uhrzeit angeben wollen oder nicht.
c. Damit ist in Ausschnitt I auch die Leistung der Schüler höher. Der Lehrer gibt ihnen nicht so sehr durch variierendes *follow-up* zusätzliche Lernchancen als durch zusätzliche Informationen auf Grund redundanter Äußerungen ("What does she want to do? Why is she coming into the room?") und die situationsadäquate Demonstration der verschiedenartigen Verwendungsmöglichkeiten von *wake* und *awake*.
d. Dadurch wird der Dialog in Ausschnitt I abwechslungsreicher und also auch motivierender.
e. Der wiederholte Ausdruck *Okay* im ersten Beispiel ist auf der propositionalen Ebene bedeutungslos, markiert aber in jedem Fall den Abschluss einer Tätigkeit (*boundary marker* oder *frame)*: die Beschreibung der Fernsehszene (hier gekop-

pelt mit der Zuwendung – *focus* – zu einem anderen Bild)[36], den Tafelanschrieb der Vokabel *wake,* die Rückkehr zum Bild usw. Gleichzeitig gewinnen die Schüler dadurch ein wenig Zeit, die sie brauchen, um das Gelernte einsinken zu lassen, zu „verdauen".

f. Es dürfte inzwischen hinreichend deutlich geworden sein, dass der Unterricht in beiden Ausschnitten unterschiedliche Lernziele hat. Im ersten Fall handelt es sich um eine Übung, die nicht nur Grammatik, also die für eine Bildbeschreibung zuständige Verlaufsform, einüben soll, sondern auch die Verknüpfung der Verlaufsform mit einem bestimmten Zeitpunkt (Uhrzeit). Gerade diese Verknüpfung kann ein Lernproblem darstellen. Eine Bewusstmachung ist an dieser Stelle nicht einmal nötig. Das kann bei einer späteren Gelegenheit getan werden, wo dann die besagte Verknüpfung nicht mehr neu ist. – Daneben übt die variable Sprache des Lehrers das Hörverstehen.
Das andere Unterrichtsbeispiel ist auf die Einübung der Uhrzeiten auf Englisch beschränkt, ist also ein Drill. Im Drill sollen bestimmte Fertigkeiten eingeschliffen werden. Darum müssen dort Fehler soweit wie möglich ausgeschaltet werden. Ein Unterricht mit multiplen Lernzielen riskiert natürlich mehr Fehler, bietet aber auch Lernchancen auf mehreren Gebieten. Außerdem kann aus Fehlern gelernt werden, wenn einsehbar ist, warum etwas falsch war (vgl. 9.4).

g. Dass der Lehrer helfen muss, gehört zu seinen ureigensten Aufgaben. Auch in Ausschnitt II hilft der Lehrer, indem er die Struktur *I can see ...* vorgibt. (Diese ist übrigens nicht situationsadäquat: Das *can* ist durch nichts motiviert.) Nur bei Drills erübrigt sich vorübergehend diese Aufgabe, wie wir gerade gesehen haben. Die Rolle des Lehrers beschränkt sich auf die eines Chorleiters, und er kann auch darauf verzichten, wenn er ins Sprachlabor geht, wo er sich weniger der Klasse als ganzer, sondern verstärkt einzelnen Schülern widmet.

---

[36] Zu *frame* und *focus* vgl. J. M. Sinclair/D. Brazil: *Teacher Talk*. Oxford 1982, S. 28f. bzw. S. 30ff.

2 Inhalte

Viel Lehrersprache ist demnach nicht nur erlaubt, sondern sogar erwünscht. Das setzt aber voraus, dass die Lerner darin auch Behaltenswertes erkennen und dass sie überhaupt bereit sind zuzuhören. So muss sich der Lehrer von Zeit zu Zeit vergewissern, ob ihm zugehört wird.

> Speech is silver, but silence is golden. Mary, are you listening?[37]

So ironisiert Muriel Spark das Prinzip „Hören über Sprechen", das wir oben (S. 12ff.) eigentlich als richtig anerkannt haben. Aber wichtiger als das Nachfragen sind eben die Inhalte und die Art ihrer Präsentation: Entscheidend ist, dass der Lehrer den Schüler „anspricht", das heißt, über Dinge spricht, die den Schüler betreffen, auch wenn er sich dessen bislang nicht bewusst war. Deswegen können wir hier auch keine Themenliste anführen. Im Grunde kann im Unterricht so gut wie jedes Thema so behandelt werden, dass es den Schüler interessiert, wenn es der Lehrer versteht, den Schüler zu „fangen", ihn einzubeziehen.

Es ist übrigens nicht zwingend notwendig, dass immer nur der Lehrer Themen „auftischt". Selbst Lehrbuchübungen können an einzelnen Stellen die Schüler zu eigenen Beiträgen animieren, sobald sie merken, dass der Lehrer darauf eingeht. *Flying off at a tangent* kann im Sprachunterricht zu einer Tugend werden. Pauncz hat erst 1998 anlässlich eines aufgezeichneten Unterrichtsdialogs, in dem die Unterrichtsperson mit einem Drill scheinbar nur langsam vorankommt, tatsächlich aber den Schülern Gelegenheit bietet, ihre eigenen Ideen einzubringen, die Möglichkeit des ***chatting*** propagiert, das sie auch *social English* nennt.

> [Viewing] the classroom as a place for planned learning activities, runs a danger of overlooking the linguistic, learning, and social possibilities of unplanned classroom interaction. In this last respect, it might be said that a classroom without chat is a classroom without social organization.[38]

Eine gute Gelegenheit für solche Plauder-Phasen sind natürlich Anfang und / oder Ende einer Unterrichtsstunde.

Die erforderliche Offenheit für Schüler-Initiativen besteht bei geplantem Unterricht weniger. Pauncz betont daher:

> Unplanned teacher-student interaction allows for the introduction of locally relevant topics and news, and with greater immediacy and flexibility than the coursebook can offer. This helps to develop group rapport, and also provides teachers and students with ideas for interesting topics in planned activities.[39]

---

[37] *The Prime of Miss Jean Brodie.* Harmondsworth 1980 ([1]1961), S. 13.
[38] Jill Cadorath/Simon Harris: "Unplanned classroom language and teacher training". *ELTJ* 52/3.1998, S. 192f.
[39] *Ebd.*, S. 192.

Die Beteiligung der Schüler ist weiterhin unschwer zu erreichen, wenn es um Organisationsfragen in der Klasse geht. Dort ist der Schüler *eo ipso* involviert:

> Questions of the day, like homework, tests, cheating, discipline, conflict and friction among pupils, favourites and outsiders, new boys and girls, school stress, etc., are of course noticed by every teacher and are often discussed with the pupils – but not in English in the English lesson.[40]

Was in diesem Zitat von 1978 schon moniert wird, ist auch heute noch anzutreffen. Leider betrachten immer noch einige Lehrer solche Dinge als außerhalb des eigentlichen Englischunterrichts.[41]

Zur Illustration einer solchen Haltung und ihrer Konsequenzen folgt ein Unterrichtsbeispiel (S.31).

Zuvor möchte ich jedoch noch einige grundsätzliche Überlegungen kurz skizzieren.

Der „eigentliche Englischunterricht" ist für viele nicht einfach, was der Lehrplan vorschreibt, sondern ganz besonders der Grammatikunterricht. Im Grunde ist es dort viel schwieriger, den Schüler zu motivieren. Der Lehrplan wird in der Hauptsache vom Lehrbuch transportiert, und die Lehrbuchautoren können trotz aller guten Einfälle die Schüler nicht persönlich ansprechen, sondern müssen ihnen einen Einblick in ausgewählte Länder gewähren, wo englisch gesprochen wird, und in ihre Mitte die Lehrbuchfamilien in ihrer Alltagssituation stellen. Diese Familien dürfen nicht in irgendeiner Weise herausragen, dürfen nicht ein bisschen verrückt sein oder extreme Ansichten haben, sondern müssen irgendwie repräsentativ sein, schwarz und weiß, mit Jungen und Mädchen, Auto und Hund, und können trotz echter Fotos keine überzeugende Wirklichkeit vortäuschen.[42] Da nun außerdem die Texte lexikalisch und grammatisch säuberlich einer Progression entsprechen sollen und die Grammatik darin wie zufällig von Lektion zu Lektion um ein bestimmtes Kapitel gebaut sein muss, ist die Künstlichkeit kaum zu überbieten, mit der Folge, dass die Schüler nicht sonderlich motiviert werden.

Dem Lehrer stehen in dieser Situation grundsätzlich zwei Wege offen. Entweder er nimmt den Lehrstoff planmäßig durch und drillt die zugehörige Grammatik ein, oder er benutzt das Lehrbuch als Ausgangspunkt für Gespräche, die über die Lehrbuchinhalte hinausgehen und die die Schüler in *ihrer* Situation mit einbeziehen. Die Grammatik nimmt dabei weniger Raum ein. Es wird ein Kompromiss eingegangen

---

[40] Colin Black/Wolfgang Butzkamm: "Classroom Language: Materials for Communicative Language Teaching". *ELTJ* 32/4.1978, S. 274.
[41] Vgl. dazu ausführlicher: Bernd Voss: „Sprache im Unterricht – Unterrichtssprache: zur Bedeutung der Unterrichtssprache im Fremdsprachenunterricht". In: Udo O. H. Jung (Hg.): *Praktische Handreichung für Fremdsprachenlehrer.* Frankfurt/M., Berlin: Peter Lang 1998, S. 105-112, bes. S. 107.
[42] Eine amüsante Glosse über die Leblosigkeit der Lehrbuch-„Helden" und die Gründe dafür hat L. G. Alexander geschrieben: "Certificate X". *Zielsprache Englisch* 2.1973, S.20.

zwischen den einzelnen Kapiteln der planmäßigen Progression und dem tatsächlichen Bedarf für die Konversation in der Klasse, wo grammatische Erscheinungen wie Lexik behandelt werden, teilweise lange bevor sie nach dem offiziellen Programm „dran" sind. Darauf lässt sich dann später viel leichter in einem *retrospective approach* aufbauen.[43] Eine große Hilfe sind dabei authentische Materialien.

Nach dem retrospektiven Ansatz erübrigt sich das traditionelle „Herumreiten" auf einem grammatischen Kapitel, das die Schüler partout nicht „schlucken" zu wollen scheinen. Man kann nicht einen Lernfortschritt erzwingen, bevor der „innere Lehrplan" die Schüler dafür reif sein lässt. Bei einer späteren Behandlung desselben Stoffs besteht jedoch die Möglichkeit einer „Spätzündung", eines *"delayed effect of formal instruction"*[44].

Für dieses Vorgehen, schon weil es noch wenig angewendet wird, haben wir keine aufgezeichneten Beispiele, auch deswegen nicht, weil sich der retrospektive Ansatz über eine längere Zeit erstreckt, die nicht ohne weiteres in einem Protokoll wiedergegeben werden kann. Auf der anderen Seite haben wir auf Seite 28f. ein deutliches Beispiel vorliegen, wie das Beharren auf grammatischen Übungen, verkleidet in den alltäglichen Tätigkeiten einer fiktiven Mrs. Pim, die Schüler sichtlich langweilt und eigentlich nicht weiterbringt.

Ausschnitt aus einer Unterrichtsstunde an einer 9. Realschulklasse

P   Ich habe gemeint, Sie meinen dies? Da fehlt noch vier… Ach, da ist es noch mal.

T   Da fehlt noch?

P   Blatt Nr. 2, Nr. 3? Schon da.

T   Number 4? Everybody got number 4? So we can start. Who wants to begin now? Okay, we can begin now. I want you first to read the text aloud, please. Who begins? Mathias, will you please begin.

(PP lesen aus dem Buch vor, T korrigiert die Aussprache)

…

T   All right, good. Now Karin, say give.

P   Give.

T   That's better. (*Kontrolle der Hausaufgabe*) And now there were some questions to the text. What does John Carpenter do on the ranch, Doris?

P   …

T   Doris, I called you, now you should answer!

---

[43] Vgl. G. Thompson: "Some misconceptions about communicative language teaching". *ELTJ* 50/1.1996, S. 9-15; und Herwig Wulf: „Rezeptiv – ein Rezept für den Grammatikunterricht?" In: Udo O. H. Jung (Hg.): *Praktische Handreichung für Fremdsprachenlehrer*. Frankfurt/Main, Berlin: Peter Lang 1998, S. 316-322.

[44] Rod Ellis: *The Study of Second Language Acquisition*. Oxford: Oxford University Press 1994, S. 586.

P John Carpenter helped handicapped children.
T What else has he got to do?
P John Carpenter looks after the horses.
T Good. Anything else he's got to do?
P He has to prepare the meals of course.
T Yes, that's right.
P Können Sie mal bitte herkommen? Ich hab eine Frage. Bei der ersten Frage, wo ich grad beantwortet habe, habe ich nur einen halben Punkt. Wieso des?
T Please ask me that another time.
...
T I want ... hm, I want you now to turn round ... Go on ... page 3, number d.
P Ach, Seite 3.
T Page three, number d. Read the instructions please, first. Marion.
P Hm, Blatt 3, Nr.d?
T Number d.
P Hier, des hier? Drei?
T Read it, read the instructions!
...
P Wo ist denn das überhaupt?
T That's page 4, number a; page 4, number a.
P How much money ...
T No, page 4.
P Blatt 4? Ja ja, hab ich ja.
T Page 4. Tell us what you thought about the exhibition, Marion. –
...
T That's the homework for all those, for all those who haven't written the test.
P Also für mich nicht.
T For all those who haven't written the test. They should retell the pictures.
   ... Jetzt noch wegen der Noten, drum hör ich jetzt schon auf.

Beginn und Ende der Stunde sind nicht protokolliert, sondern nur der vorwiegend einsprachige Teil. Zuvor und danach wurde über die letzte Klassenarbeit und deren Benotung auf Deutsch gesprochen. Wir haben damit den klassischen Fall einer Englischstunde vorliegen, in der die Fremdsprache nur für den „eigentlichen" Unterrichtsstoff benutzt wird.

Diskussion
1. Welcher Sprachebene kann man Anfang und Ende der Stunde zuordnen? Mit Sprachebene meinen wir hier, was Sinclair und Brazil *areas of attention* nennen, nämlich *content, organization* und *discipline*.[45]

An mehreren Stellen äußern sich die Schüler auf Deutsch, während die Lehrerin standhaft beim Englischen bleibt. Es ist nicht anzunehmen, dass die Englischkenntnisse der Schüler für ihre Bemerkungen und Fragen nicht ausreichend wären.

2. Kann man die deutschen Äußerungen der Schüler einer bestimmten Kategorie der *areas of attention* zuordnen?
3. Gibt es einen Zusammenhang zwischen der Lehrersprache, die doch im Hauptteil der Stunde einsprachig bleibt, und dem wiederholten Ausbrechen der Schüler ins Deutsche?

Antworten

Zu 1.
Die Lehrerin behandelt Organisationsfragen vor und nach der „eigentlichen" Englischstunde auf Deutsch.

Zu 2.
Die deutschsprachigen Schüleräußerungen sind durchwegs organisatorischer Art.

Zu 3.
Offenbar haben die Schüler gelernt, Unterrichtsstoff und Organisatorisches deutlich zu trennen; und sie fühlen sich im letzten Fall legitimiert, auf Deutsch zu formulieren, wie es die Lehrerin zu Anfang der Stunde getan hat, als sie nicht über den neuen Unterrichtsstoff, sondern über die Klassenarbeit sprach. Die Schüler akzeptieren es daher nicht, wenn im weiteren Verlauf die Lehrerin auch Organisatorisches auf Englisch behandeln will und konstant auf Englisch quittiert. Offenkundig hat die Lehrerin etwas erwirkt, was ihren Lehrzielen (nach Ausweis ihrer Bemühungen während der *content*-Phase) widerspricht.

---

[45] *Teacher Talk*. Oxford 1982, S. 22-26.

3 Sprachbeherrschung

Neben den Inhalten ist aber auch die Form nicht zu unterschätzen. Eine frische, lebendige Sprache kommt bei Lernern mit Sicherheit besser an als eine ausgedünnte, farblose, auf das Minimum des bereits „Gehabten" reduzierte. Ebensowenig kann man sich nur auf das beschränken, was man für die einzelne Stunde geplant hat. Frische und Lebendigkeit zeigen sich oft erst in unvorhergesehenen Situationen. Es bedarf einer "greater capacity for responding to the unexpected"[46].

Um Dieter Wolff als Vertreter des Konstruktivismus zu zitieren, muss „das inhaltliche Gebiet in seiner ganzen Komplexität repräsentiert"[47] sein. Auf die Unterrichtssprache bezogen, bedeutet das einen weitgehenden Verzicht auf Vereinfachung. Wie das funktionieren kann, soll im Laufe dieser Abhandlung gezeigt werden (unter 3.5).

Jedenfalls ergibt sich aus alldem für den Lehrer, dass seine Sprache erhöhten Anforderungen genügen muss.

3.1 Lehrerfehler

Es muss nicht näher begründet werden, dass die Sprache des Lehrers zunächst einmal korrekt sein muss. Damit ist natürlich nicht Unfehlbarkeit gemeint. Auch *native speakers* verraten gelegentlich Unsicherheiten, und nicht selten kann man sie darüber diskutieren hören, was eigentlich korrekt sei und was nicht. Um so weniger kann man dann von Leuten absolute Korrektheit erwarten, die in Bildungseinrichtungen eine Sprache lehren, die für sie nur Zweitsprache ist. Dennoch gibt es große Unterschiede in der Kompetenz von Sprachlehrern. Es ist nicht unerheblich, wie hoch der Prozentsatz der Fehler in der Sprache eines Lehrers ist. Gelegentliche Versprecher sind hier nicht das Thema (Performanzfehler, **mistakes**), sondern Fehler, denen eine systematische Unkenntnis der Fremdsprache zugrundeliegt (Kompetenzfehler, **errors**). Die Sprachmuster, die die Lehrer den Schülern vorgeben, müssen ja stimmen. Es ist für die Lerner überaus unangenehm und schwierig zu erkennen, dass sie etwas gelernt haben, das nicht so verstanden wird, wie es gemeint ist, und dann umzulernen. Etwas neu zu lernen, ist wesentlich einfacher und „frustfrei".

Nun gibt es sicherlich wenige Lehrer, die auf allen Ebenen viele Fehler machen und diese so weitergeben. Häufiger sind einige wenige Fehler, die sich verfestigt haben und immer wieder gemacht werden. Man kann nicht erwarten, dass dies den Schülern auffällt. Vielmehr werden sie diese Fehler übernehmen, insbesondere

---

[46] Jill Cadorath/Simon Harris: "Unplanned classroom language and teacher training". *ELTJ* 52/3.1998, S. 194.
[47] Dieter Wolff: „Der Konstruktivismus: ein neues Paradigma in der Fremdsprachendidaktik?" *DNS*, 5.1994.

dann, wenn die Fehlerursache bereits beim Lehrer auf Interferenz mit dem Deutschen beruht.

Jahrelange Beobachtungen und Aufzeichnungen haben gezeigt, dass es etwa zwanzig Fehler sind,[48] die ungefähr die Hälfte aller Lehrerfehler ausmachen. Von ihnen fällt etwas mehr als die Hälfte in den Bereich der Grammatik und der Rest in den der Lexik, Aussprachefehler nicht mitgerechnet. Natürlich gehört die Aussprache zur Lexik, so dass diese insgesamt den überwiegenden Teil der Sprachverstöße ausmacht. Es sollte ein Leichtes sein, sobald man sich über sie im Klaren ist, diese zwanzig Fehler aus dem Repertoire zu streichen. Damit wäre die Qualität der Unterrichtssprache erheblich verbessert. Allerdings scheint dies bei den syntaktischen Missgriffen aus dem Bereich der Tempora und Aspekte nicht so leicht zu sein, weil sie mehr grundsätzlicher Art sind. Trotzdem ist auch hier eine relativ schnelle Abhilfe möglich, wie wir unter 3.2. sehen werden.

Ohne ins Einzelne gehen zu wollen, muss doch angemerkt werden, dass gerade Aussprachefehler, abgesehen von einzelnen Ausrutschern, in der mündlichen Kommunikation zu den schwerwiegendsten Behinderungen gehören. Wenn zwischen Vokalphonemen nicht hinreichend differenziert wird, besonders zwischen /i/ und /ɪ/ oder /e/ und /æ/, und bei den Konsonanten nicht richtig zwischen stimmhaften und stimmlosen unterschieden wird, entstehen häufiger Missverständnisse als bei falscher Grammatik. Man denke nur an *beat* und *bit*, *bead* und *bid*: deutsche Lernende sind imstande, aus diesen vier Wörtern eins /bit/ zu machen! Dabei wird /i/ bei *bid* und *bit* zwar kurz, aber geschlossen gesprochen. Die „Ausviermacheins"-Liste mag nicht sehr lang sein, die „Ausdreimacheins" schon länger, während die Liste der *minimal pairs* unübersehbar lang ist und nicht umsonst die Linguisten immer wieder beschäftigt hat.

Da die Schüler mit wenigen Ausnahmen eine nur schwach artikulierte Differenzierung überhaupt nicht registrieren und die Aussprache ihrer Lehrer, wie sie ist, unbemerkt kopieren, können sie so in der Schule ein schweres Handicap für den Umgang mit englischsprachigen Ausländern erwerben. Darum sollten besonders die Lehrer, die Anfänger unterrichten, sei es in der Grundschule oder in den unteren Klassen der weiterführenden Schulen, sich ihrer Verantwortung bewusst sein und alles daransetzen, solche Mängel nicht aufkommen zu lassen. Gerade Lernende unter zwölf Jahren haben ein stark ausgeprägtes Imitationsvermögen, so dass sie bei guter Ausspracheschulung im Anfangsunterricht eine Fertigkeit erlangen können, auf der sie dann in den folgenden Jahren aufbauen können.

---

[48] Hierzu Genaueres in Herwig Wulf: „Unterrichtssprache und Sprachpraxis – ein integriertes Ausbildungsmodell". In: Bernd Voss (Hg.): *Unterrichtssprache im Fremdsprachenunterricht*. Bochum: AKS-Verlag 1986, bes. S. 150-152.

Lexik	häufige Fehler
1. Das <u>steht</u> an der Tafel / im Text	*stands / is written*
2. Seid ihr <u>fertig</u> (= können wir aufhören)?	*Are you ready?*
3. <u>Wie</u> sieht das aus?	*How does it look?*
4. Ich brauche mehr <u>Platz</u>	*place*
5. ... typisch <u>für</u> die <u>Schotten</u>	*typical for the Scotch / Scottish / Scotsmen*
6. Das <u>hat</u> eine eigenartige Farbe	*... has*
7./8. <u>Bring</u> die <u>Karte</u> <u>von</u> den USA ins Lehrerzimmer	*bring the card from ... into the staffroom*
9. Sprich lauter, bitte, ich kann dich nicht <u>verstehen</u>	*understand*
10. <u>eigene</u> Beiträge	*own*

Grammatik	häufige Fehler
1. <u>Wer</u> von euch ...?	*Who of you have read ...?*
2. <u>Welches</u> Datum haben wir heute?	*Which date is it today?*
3. Was heißt ... auf Englisch?	*What means ... in English?*
4. Geh bitte <u>ins</u> Lehrerzimmer	*Go into the staff room*
5. (Vokabelerklärung)	*A baker is baking bread.*
6. Wer <u>liest</u> den nächsten Abschnitt?	*Who reads the next paragraph?*
7. <u>Seite / Zeile</u> 5, 9 und 10	*page / line 5, 9 and 10*
8. Schlagt eure Bücher <u>auf</u> S.15 auf	*on page ...*
9. Wir wollen auch die nächste Übung machen, <u>ja</u>?	*yes?*
10. Fragen <u>zum</u> Text	*to the text*

Aufgabe:

1. Korrigieren Sie die Lehreräußerungen.

2. Markieren Sie die Lehrerfehler in den verschiedenen (zu ganz anderen Zwecken ausgewählten) Unterrichtsprotokollen innerhalb dieser Abhandlung (s. S. 20, 31f., 128f., 131). Welche davon sind von der gleichen Sorte wie die häufigsten zwanzig?

Zu 1. Korrekturen

a. Lexik

1. It's on the board / in the text.

2. Have you done / finished?

3. What does it look like?
4. I need more room / space.
5. ... typical of the Scots.
6. ... is a strange colour.
7. u. 8. Take the map of the US to the staff room (will you?)
9. can't hear you.
10. my, your, their etc. own ...

b. Grammatik
1. Which of you ... / Has anyone (read)?
2. What date ...
3. What is ... in English? What's the meaning of ... in English?
4. Go to the staff room, would you?
5. ... bakes ...
6. ... is going to / would like to ...?
7. pages / lines
8. Open your books at page 15.[49]
9. Let's do the next exercise, too, shall we?
10. questions about the text.

Zu 2. Diese Aufgabe ist weniger aufwändig, als sie auf den ersten Blick erscheinen mag, weil die von *native speakers* gehaltenen Stunden nicht in Betracht kommen und die kürzeren Ausschnitte unter den übrigen fehlerfrei sind.

Protokoll S. 20
Hier gibt es Schwierigkeiten mit den *tenses*: Der Lehrer schwankt zwischen historischem Präsens (im Englischen seltener und deswegen lieber nicht zu üben) zu Beginn und Ende des Ausschnitts und dem in Erzähltexten üblichen *past tense*. *Who reads* und *Now we read* – übrigens kaum kontextualisierbar – gehören zu den häufigsten 20 Fehlern.
Offenbar wird gerade der letzte Fehler von Englischsprechenden als typisch deutsch empfunden. So lässt zum Beispiel Peter Shaffer in seinem Schauspiel *Five-Finger Exercise* den deutschen Hauslehrer, der dem Skript nach ein tadelloses Englisch an den Tag legt, als Erkennungszeichen des Ausländers solche Äußerungen machen wie: "Now we do the French"[50] (wobei natürlich *do the French* ein ironischer Leckerbissen ist. Gemeint ist wohl: "Let's do some French now.").
Über weitere Fehler vgl. den Kommentar auf S. 21.

---

[49] Fehler an dieser Stelle finden sich auch in den von Solmecke veröffentlichten Unterrichtsausschnitten, werden dort aber nicht markiert. („Aufgabenstellungen und Handlungsanweisungen im Englischunterricht". *Praxis* 1998, S. 34 u. 36). Dagegen hat Cass *Open ... at page ...* ausdrücklich als die korrekte Form erklärt. ("'Repeat, please!'" *Englisch* 2.1987, S. 63).
[50] Act I, Scene 1. London, New York: Samuel French 1958, S. 9.

Protokoll S. 31f.
Auch diese Lehrerin tendiert zum historischen Präsens, während die Schüler beim *past tense* der Textvorlage bleiben.
*Questions to the text gehört zu den häufigsten 20 Fehlern.

Protokoll S. 105
Zeile 6: *Which expression ...?* wäre korrekt, wenn eine begrenzte Zahl von Ausdrücken zur Wahl stünde. *Which* statt *what* gehört zu den 20 häufigsten Fehlern.

Protokoll S. 128f.
Hier liegt praktisch kein Fehler vor außer der ungewöhnlichen Wortstellung in "Can you see here a person?"

Protokoll S. 131
To tell wird wahrscheinlich für ein Synonym von *say* gehalten und hier fälschlicherweise wie *say* konstruiert. Im übrigen spricht man nicht zu Bildern (eher sie zu uns). Dieser Fehler ist eng mit dem häufigen **questions to the text* verwandt. "Could fall down" statt "could have fallen down" ist schon weiter oben angesprochen worden.

Die in puncto Fehler zufällig ausgewählten Unterrichtsausschnitte weisen doch verhältnismäßig wenige Fehler auf, überwiegend aber gerade solche, die unter die häufigsten 20 fallen. Hier sehe ich eine Chance für schnelle Abhilfe.

3.2 Grammatik

Es sollte bei einem Lehrer vorausgesetzt werden können, dass er die Grammatik mit Sicherheit beherrscht. Wer hier Schwierigkeiten sieht – und die können gerade bei dem System der englischen Aspekte / Tempora auf Grund fehlender Entsprechungen auftreten – sollte eine bislang vielleicht übersehene Tatsache bedenken:[51] Die nötige *classroom grammar* ist ein überschaubarer, also durchaus lernbarer Bereich, und zwar deswegen, weil sich die Situationen, für die bestimmte Aspekte / Tempora klar zuständig sind, im Unterricht ständig wiederholen und so ohne große Umstände Gelegenheit zur Anwendung und Gewöhnung bieten. Beispielsweise gibt es eine relativ feste Korrelation

– zwischen dem *simple present* und der Definition von Wortbedeutungen,
– zwischen Zustands-/Bildbeschreibungen und dem *present continuous,*
– zwischen Geschichtenerzählen und dem *past tense,*
– zwischen Ankündigungen (dem *focus* der Unterrichts-Diskursanalyse) und *going to,*
um nur die hervorstechendsten zu nennen.

---

[51] Vgl. Herwig Wulf: „English-Classroom Grammar – Ansätze zu einer pragmatisch-pädagogischen Englischgrammatik an Schule und Hochschule". *DNS* 92/5.1993, S. 469-483.

Greifen wir zur Illustration das Phänomen *focus* heraus. Nach Sinclair/Brazil ist *focus* ein Teil der Sprache, die sich mit der Organisation in der Klasse befasst.[52] In aller Regel markiert der Lehrer den Phasenwechsel innerhalb der Stunde. Er verweist kurz zusammenfassend auf das Bisherige zurück, aber häufiger kündigt er an, was er als Nächstes vorhat. Grammatisch ist für solche geplanten Aktivitäten *going to* zuständig. "Next you're going to hear a story." Bei all den Zweifeln, die man bei der Opposition *going to / will* haben kann (und die durch das Vorhandensein einer breiten Übergangszone, genannt *gradience*, in der beide Formen möglich sind, nicht leichter werden),[53] befinden wir uns hier an einem Punkt, der eindeutig *going to* verlangt. Umgekehrt werden spontane Entschlüsse mit *will* formuliert: "I'll help you; I'll show you ..." Die eindeutige Korrelation von Unterrichtssituation und syntaktischer Struktur gibt dem Lehrer und in der Folge den Schülern tagtäglich die Muster vor, an die sie sich gewöhnen und die sie schließlich unbewusst übernehmen können.

Natürlich sind auch Ankündigungen ohne *going to* möglich. Hier findet sich eine andersartige Fehlerquelle, die von Cass aufgespießt wird: "Today we want to talk about firemen."[54] Dies entspricht der Eigenheit mancher deutscher Lehrer, die eine „sanfte Anweisung" geben wollen, wie Oomen-Welke es beobachtet hat: „Wir wollen heute mit diesen Steckwürfeln wieder Stangen bauen."[55] Sie kommentiert, dass „wir wollen" ein gemeinsames Interesse von Sprecher und Angesprochenem unterstelle und eine Form der Indirektheit sei, die auf die Schüler freundlich wirken solle. Ich besinne mich, dass ich als Schüler speziell diese Form als arrogant empfand. („Woher will der Lehrer wissen, was ich will?"). Ähnlich sieht es auch Graham Cass, der "Today we want to ..." als *irritant* klassifiziert. Wir können festhalten, dass solche Anweisungen im Deutschen fragwürdig, im Englischen inakzeptabel sind. Die Intention der besagten deutscher Lehrer wird am besten durch "Let's [talk about ..., (shall we?)]" wiedergegeben.

Verstöße gegen den Tempus- / Aspekt-Bereich der Syntax gehören im Allgemeinen zu den am schwierigsten zu vermeidenden Fehlern, können aber gerade durch die besonderen Bedingungen des Klassenunterrichts zunächst vom Lehrer und dann von den Schülern gegen korrekte Gewohnheiten ausgetauscht werden.

Mehr soll an dieser Stelle über Grammatik nicht gesagt werden. Es gibt über dieses Thema eine Fülle von Literatur. Die aber ist für das Anliegen hier nicht zentral.

---

[52] J. M. Sinclair/D. Brazil: *Teacher Talk*. Oxford 1982, S. 30-35.
[53] Vgl. D. Mindt: „Schulgrammatik vs. Grammatik der englischen Sprache". In: C. Gnutzmann/F. G. Königs (Hgg.): *Perspektiven des Grammatikunterrichts*. Tübingen: Narr 1995, S. 55.
[54] Graham Cass: "'Repeat, please!'" *Englisch* 2.1987, S. 63.
[55] Ingelore Oomen-Welke: „Deutscher Unterricht als (inter)kulturelle Praxis". In: Albert Bremerich-Vos (Hg.): *Handlungsfeld Deutschunterricht im Kontext. Festschrift für Hubert Ivo*. Frankfurt a.M.: Diesterweg 1993, S. 150-154.

3.3 Wortschatz

Auch über den Wortschatz möchte ich an dieser Stelle nicht alles wiederholen, was Allgemeingut sein dürfte. Zu bedenken ist allerdings, dass in dem Maße, wie man der Grammatik im Unterricht weniger Bedeutung zumisst, der Wortschatz an Wichtigkeit gewinnt.[56] Hinzu kommt, dass zum Verständnis authentischer Texte, wie sie zu Recht mehr und mehr gefordert werden, ein größerer Vokabelschatz benötigt wird als für didaktisierte Texte. Dies gilt in gleicher Weise für die Lehrersprache, die auch möglichst authentisch sein soll. Das ist nicht unbedingt eine Erschwerung, wenn man wie bei der Grammatik von der konkreten Situation in der Klasse ausgeht. Unabhängig davon, was das Lehrbuch an Vokabular eingeführt hat, sollten die Gegenstände des Klassenzimmers, die Situationen, die dort auftreten, möglichst bald benannt werden können und erst recht die Tätigkeiten, die in der Klasse ausgeübt werden.[57] Beispielsweise ist es ein Unding, wenn die Hausaufgaben auf Deutsch gestellt werden (natürlich um sicherzustellen, dass sie auch verstanden werden). Das mag für die erste Einführung von *homework* und *do one's homework* gelten, aber da sich so etwas so gut wie jeden Tag abspielt, kann mit den dazugehörigen englischen Worten zunehmend bis ausschließlich operiert werden, ohne dass sie formell gelernt werden müssten. Sie prägen sich durch den häufigen Gebrauch unmittelbar ein.

Was für die Hausaufgaben gilt, trifft auf viele andere alltägliche Aktivitäten in der Klasse zu, ob es nun andere Handlungsanweisungen, Kommentare, anerkennende oder zurechtweisende Worte sind, Ankündigungen, Betrachtungen oder das ganze Vokabular zur Textbehandlung.[58] Mit Hilfe der Texte gelangt man natürlich schnell über den Rahmen der Klasse hinaus. Textarbeit ist aber schon immer als Kernzone des Unterrichts betrachtet worden und braucht hier nicht weiter besprochen zu werden.

Weniger geläufig ist im Englischunterricht die bewusste Verwendung von *gambits* und paralingualen Kommunikationsmitteln (s.u.).

---

[56] Vgl. bes. Michael Lewis: *The Lexical Approach. The state of ELT and a way forward.* Hove: Language Teaching Publications, 1993.
[57] Einzelne Punkte, die hier schwierig sein können, hat Voss ganz konkret benannt, aber er hat auch Lösungsmöglichkeiten aufgezeigt: "Classroom English for German schools". In: Bernd Voss (Hg.): *Unterrichtssprache im Fremdsprachenunterricht. Beiträge zur Theorie und Praxis einer berufsbezogenen Fachsprache des Fremdsprachenlehrers.* Bochum: AKS-Verlag 1986, S. 63-80.
[58] Empfehlenswerte Phraseologien für die englische Unterrichtssprache sind: Glyn S. Hughes: *A Handbook of Classroom English*. Oxford 1981; und Roslyn Cattliff/Sydney Thorne: *English in the Classroom*. Frankfurt/Main: Diesterweg 1988. Vgl. auch den Anhang (*Classroom Phrases*).

3.3.1 *Gambits* und *fixed expressions*

Gambits – nach den taktischen Eröffnungszügen im Schachspiel benannt – sind alle die Äußerungen, die weniger inhaltlich als phatisch bestimmt sind. Sie signalisieren in erster Linie Gesprächsbereitschaft, suchen auch Sympathie, mildern oft die folgende unangenehme Aussage, entsprechen den Erwartungen des Gesprächspartners an gesellschaftliche Formen usw. Es ist das Verdienst der Palmers, schon 1921 auf die Nützlichkeit solcher Wendungen im Sprachunterricht hingewiesen zu haben,[59] wenn sie dort auch nicht *gambits* genannt werden. Sie haben bei ihnen die Funktion, peinliches Schweigen zu überbrücken, bevor man seine Antwort formuliert hat, und dann auch, das Reden nicht als eine brockenweise Aneinanderreihung von Informationen erscheinen zu lassen, sondern als einen flüssigen Redestrom. Als *gambits* würden die meisten ihrer Vorschläge in die Kategorie *stalls* fallen:

> Well, ...
> Let me see (now) ...
> Well, as a matter of fact ...
> Well now, let me think ...
> Just wait a moment, will you?
> Yes, I understand the question ...[60]

Edmondson hat die *gambits* in nicht weniger als sechs Kategorien eingeteilt, unter denen der *cajoler* und das *aside* besonders treffende Bezeichnungen gefunden haben, die anderen erst durch Beispiele deutlich werden.[61]

> *The pick-up*: eine wiederholende Rückfrage zum Zeitgewinn. "How much maths did you do in your course?" – "How much maths – well, I think ... er ..."

[Diese Technik hatte Palmer zur Warnung ad absurdum geführt:

> Teacher: What is a knife used for?   Pupil: A knife?
> Teacher: Yes, a knife.   Pupil: What is it used for?
> Teacher: Yes, what is it used for?   Pupil: A knife used for? Now let me see ... Well now, what *is* a knife used for? Bless my soul, why, a knife's used for cutting things with, isn't it? [62]]

> *The cajoler*: Bitte um Nachsicht, Sympathie u.ä. "It's only the fifteenth today, you see." – "So I'll see you tomorrow, uh / right / okay / yeah?"

> *The uptaker*: Versicherung, dass man zuhört. "Yes ... hmm ... I can understand that ... fine ..."

---

[59] H. E. Palmer/D. Palmer: "The Clean Response. The Embarassing Silence". *English through Actions*. London 1959 (1925), S. 19-29.
[60] *Ebd.*, S. 28.
[61] W. J. Edmondson: "Gambits in Foreign Language Teaching". *Kongreßdokumentation der 7. Arbeitstagung der Fremdsprachendidaktiker Gießen 1976*. Limburg 1977, S. 45-48.
[62] Palmer/Palmer, S. 27.

The downtoner:	Abmilderung. "The money may not be there, as far as I know ... I mean you must understand ... Correct me if I'm wrong." Hierher gehört auch das typische und daher sehr zu empfehlende "... I'm afraid."
The underscorer:	Hervorhebung. "Basically; in fact; really; look, I'll tell you what; well, the thing is ...; what I'm getting at is ..."
The aside:	lautes Denken. "Some other time perhaps ... let's see now... what have I got on tomorrow ... How about 12.15?"

Die Kategorien von Helen Sorhus sind schon auf Grund ihrer geringeren Zahl handlicher und leichter voneinander zu trennen:

openers:	"Well, I'd just like to point out ...; It's my personal opinion that ..."
conventions:	"Please; thank you; hallo; good-bye."
stalls:	Strategien zum Zeitgewinn. "Now from a critical point of view ...; in other words, we could say ..."
bids:	Ähnlich dem *cajoler*. "Can you imagine ...; as you know." *Question-tags* mit fallender Intonation, die keine Antwort erwarten: "You wouldn't disagree, would you?"[63]

Sorhus spricht nicht von *gambits*, sondern allgemein von *fixed expressions* oder *frozen expressions*, die auch solche sprachliche Äußerungen einschließen, die ähnliche Funktionen haben, aber nicht immer in Redewendungen ausformuliert sind. Sie nennt sie *hemmings and hawings*. Andere Autoren nennen sie *hesitation forms / signals / phenomena, fillers* oder *lubricators*. Diese Ausdrücke überschneiden sich mit **„paralingualen Kommunikationsmitteln"**. Nach Lübke gehören zu ihnen:

Akustische:	Laute, Pfiffe, Schnalzer, Interjektionen (auch Schimpfwörter), Intonation, Stimm-Modulation, Pausen, Rhythmus, Sprechgeschwindigkeit, sound, expressive Untertöne
Visuelle:	Mimik, Gestik, Körperhaltungen, Posen, Bewegungen der Füße, Spielen mit den Haaren ...
Taktile:	Händedruck, Schulterklopfen, Anstoßen, Festhalten ...[64]

In unserem Zusammenhang interessieren primär die akustischen.

Helen Sorhus demonstriert nun in ihrem überaus lesenswerten Aufsatz, dass die Rede der *native speakers* voll von solchen an sich unschönen Äußerungen ist, über die man gewöhnlich einfach hinweghört, mit deren Hilfe jedoch der Sprecher „am Ball bleibt". Sie argumentiert, dass, wenn *hems and haws* bei *native speakers* gang und

---

[63] H. B. Sorhus: "To Hear Ourselves – Implications for Teaching English as a Second Language". *ELTJ* 31/3.1977, S. 213f.
[64] Diethard Lübke: „Lernziel ‚Kommunikationsfähigkeit'. Probleme und Lösungsvorschläge für die Praxis". *Praxis* 1975, S. 296.

gäbe sind,[65] sie auch dem Sprachlerner billig sein müssen, der noch viel häufiger in die Verlegenheit kommt, nicht gleich zu wissen, was er sagen soll, weil zu den inhaltlichen Schwierigkeiten auch noch sprachliche hinzukommen. Wichtig ist, ihm bewusst zu machen, dass er bei der Verwendung solcher Äußerungen in guter Gesellschaft mit den englischen Muttersprachlern ist. In der englischsprachigen Gesellschaft gilt die Verwendung von Leerformeln und Verlegenheitslauten als völlig normal und wird peinlichen Pausen vorgezogen:

> A moderate and rational use of such stop-gap devices or "fillers-in" is better than the embarrassing silence.[66]

Leslie Dickinson hat bereits 1970 folgende Auffassung vertreten:

> The adoption of certain hesitation phenomena sounds used by native speakers of the TL (in place of the mother tongue ones) often helps to remove some of the 'foreignness' of the students' accents.[67]

Dieser Gesichtspunkt ist natürlich für die ersten Lernjahre irrelevant, und Dickinson empfiehlt diese Merkmale der spontanen Rede erst für den Fortgeschrittenen-Unterricht. In Anbetracht der Tatsache jedoch, dass manche *gambits* und paralingualen Kommunikationsmittel gerade dem Anfänger helfen können, wie wir noch sehen werden, ist die Einschränkung auf den Fortgeschrittenen-Unterricht unnötig.

Es wäre nun sicherlich nicht zu empfehlen, zum Erwerb solcher *fixed expressions* spezielle Unterrichtsstunden abzuhalten. Diese würden nicht sehr ansprechend sein und könnten dem Schüler nicht immer klar genug vermitteln, wozu sie gut sind. Vielmehr kommt hier dem Lehrer wieder die Rolle des Sprachvorbilds zu, "his function as the furnisher of the model"[68]. Auch der Lehrer gerät ja öfter einmal in Verlegenheit, findet nicht sofort die richtigen Worte oder möchte seinen Aussagen die Schärfe nehmen. Er sollte dann aus der Situation heraus ganz bewusst solche Redemittel anwenden und gegebenenfalls auch Schülern, die „herumdrucksen", mit passenden *gambits* aus der Verlegenheit helfen. Gerade dann wird der Schüler sich die geeigneten Redemittel merken, weil er jetzt spürt, dass ihm die vorgeschlagenen bzw. beispielhaft vorgeführten Phrasen nützlich sind und ihm – in der Sprache der Konstruktivisten – das Überleben erleichtern.

---

[65] In dem von Sorhus aufgezeichneten Interview verwendet ein Sprecher innerhalb von 133 Wörtern nicht weniger als sechsmal *you know*. Nach ihren Angaben benutzen Kanadier im Durchschnitt eine *fixed expression* alle fünf Wörter (S. 217).
[66] Palmer/Palmer, S. 27.
[67] "The Language Laboratory and Advanced Teaching". *ELTJ* 25.1970, S. 34, Anm.
[68] Palmer/Palmer, S. 27. Auch Heuer/Klippel sind der Auffassung, dass „Redemittel für eine bestimmte Situation erst dann eingeführt werden, wenn diese Situation tatsächlich auftritt." (*Englischmethodik. Problemfelder, Unterrichtswirklichkeit und Handlungsempfehlungen.* Berlin: Cornelsen-Velhagen & Klasing 1987, S. 127).

3.3.2 *Vocalizations*

> *Every little helps.*

Die kleinsten Einheiten unter den *hems and haws* sind sogenannte *vocalizations*[69], das sind Lautfolgen unterhalb der etablierten Lexik. Auch dies ist ein offenbar noch nicht hinreichend beachtetes Feld im Sprachunterricht. Das liegt zu einem Teil daran, dass sie, ähnlich wie überstrapazierte *gambits* (vgl. die vorhergehende Seite), als unschön empfunden werden. Eine Zeitungsnotiz ist hier besonders aufschlussreich:

> Scientists are less likely than members of other professions to sprinkle their speech with all those meaningless monosyllables that have come to mar the beauty of the spoken word – and that is, er, official. Research by psychologists at Columbia University in New York shows their scientific colleagues tend to be more, um, precise (only 1.39 of those irritating little non-words per minute), while those who studied in the, ah, humanities, dither, with 4.85. Aaaargh ...[70]

Hier ist von "the beauty of the spoken word" die Rede, aber wohl doch nicht frei von Ironie, und die statistischen Angaben belegen, wie wichtig die Rolle der *hesitation signals* tatsächlich ist. Wenn man das zur Kenntnis nimmt, muss man den Sprachenlernern zugestehen, dass sie nicht „schöner" sprechen müssen als die *native speakers*.

Wenn der Sprachunterricht dennoch keine Rücksicht auf *hesitation signals* nimmt, so kann das zu einem anderen Teil daran liegen, dass sie wegen der schwierigen Lesbarkeit in den Lehrbüchern kaum zu finden sind.[71] C. V. Taylor hat in einem Aufsatz dargelegt, wie bestimmte paralinguale Kommunikationsmittel in der Schrift wiedergegeben werden.[72] Das allein macht vielen Leuten Schwierigkeiten, weil unter anderem für die Bezeichnung der Laute, die hier auftreten, unser Schriftzeichen-System nicht ausreicht, etwa bei dem ingressiven *tut, tut* oder bei dem lautlich schwer definierbaren *ugh*.

Sieht man sich die Reihe der Laute an, die Taylor beschreibt und deren Funktionen er erklärt, so ist es für den Englischunterricht hilfreich, sie in zwei Kategorien zu unterteilen.

---

[69] Der Terminus stammt aus D. Crystal: *Prosodic Systems and Intonation in English*. Cambridge: Cambridge University Press 1969, S. 83ff. und S. 167. Ebenso D. Crystal: *The Cambridge Encyclopedia of Language*. Cambridge University Press 1987, S. 181, mit Beispielen. Eine Definition gibt Crystal in *A First Dictionary of Linguistics and Phonetics* (London: André Deutsch 1980) s.v. *vocalisation*: "a general term used ... to refer to an utterance viewed solely as a sequence of sound."
[70] Genaue Quelle leider nicht mehr feststellbar.
[71] Lübke hatte schon 1975 diesen Mangel in den Lehrbüchern festgestellt, aber angenommen, dass die vereinzelten Hinweise in der Fachliteratur von den Lehrbuchautoren nicht hinreichend beachtet worden seien. „Lernziel ‚Kommunkationsfähigkeit'. Probleme und Lösungsvorschläge für die Praxis". *Praxis* 1975, S. 296f.
[72] C.V. Taylor: "The Writing of Vocalisation in English". *ELTJ* 30/4.1975, S. 290-294.

Da gibt es einmal die Laute, die das Englische mit dem Deutschen gemein hat:[73]

er (Br.), huh (Am.)	/ə/	hesitation[74]
eh (Br.), huh (Am.)?	/əɪ/, /hə/	request for confirmation
Mm? Nn?		asking for repetition
mhm, ah! (Br.), uh-huh (Am.)	/mm/, /ʌhʌ/	affirmation
m-m (Br.), un-huh (Am.)	/m'm/, /a'a/	denial
ugh	/ʊ/	unpleasant surprise
tut, tut (Br.), tsk, tsk (Am.)	/ɿ-ɿ/	disapproval
phew, whew (ingressive)	/fju: ʍ, ʍu/	expressing discomfort
ha!		triumph, suspicion
ahem!		attracting attention
sh, psst!		request for silence
brrr, brrh!		reaction to cold
ouch	/aʊtʃ/	expression of pain

(Liste nach Taylor, verändert)

Diese Liste ist beachtlich lang. Das ist nicht selbstverständlich. Schon zwischen dem britischen und dem amerikanischen Englisch gibt es beachtliche Unterschiede nicht nur in der Schreibweise (s. oben), sondern auch in der Verwendung, beispielsweise von *hey* und *hi*.[75] Ungleich größer können die Unterschiede zwischen weiter auseinander liegenden Sprachen sein. Hier ist nun den Schülern zur Kenntnis zu bringen, dass diese „deutschen" Laute auch im Englischen anwendbar sind. So können sie sich in kürzester Frist Hilfsmittel aneignen, die ihnen in Notlagen dienlich sein können.

Zum anderen gibt es eine Reihe von Lauten, die spezifisch englisch sind, die an sich also für den Lernern keine Erleichterung bedeuten:

whoops /wʊps, wu:ps, hwʊps. hwu:ps/	dt. hoppla!
shoo	dt. husch, sch!
hi	dt. hallo
hey	dt. öi, he, heda!
wow	ohne Entsprechung
yuk (yuck)	dt. igitt
yum-yum, yummy	dt. mmm!
atishoo	dt. hatschi!

Gerade hier sind einige Laute, die die Jugendlichen besonders ansprechen und deren Verwendung das Englische für sie besonders farbig macht: *wow!* Inzwischen sind einige darunter in den deutschen Sprachschatz übergegangen und können bei den meisten Schülern bereits vorausgesetzt werden.

---
[73] Es ist interessant festzustellen, dass Deutsch und Englisch außer in Wortschatz, Morphologie und Syntax auch auf dieser Ebene viel gemeinsam haben.
[74] Erfahrungsgemäß und nach Sorhus (S. 212) der häufigste Laut überhaupt.
[75] Vgl. Oxford Advanced Learner's Dictionary unter *hi*: "1 (used as a greeting): *Hi there!* 2 (*Brit.*) = HEY", unter *hey*: "(used to call attention or express surprise or inquiry)". Das Concise Oxford Dictionary und das Dictionary of Contemporary English verzeichnen keinen Unterschied.

Alle diese Nicht-Wörter sind Allgemeingut der Muttersprachler, bedürfen keiner Erklärung und werden in der mündlichen Kommunikation ausgiebig verwendet. Greifen wir einmal das letzte Beispiel, *atishoo*, heraus. Jedes Kind, für das Englisch die Muttersprache ist, weiß, wie man „auf Englisch niest". Sie haben es unbewusst in dem Kinderreim *ring-a-ring o' roses* geübt, wo es am Ende heißt: "A-tishoo, a-tishoo, we all fall down." In *einem* deutschen Englisch-Lehrbuch taucht es auf.[76] Dort deckt der Zauberer Merlin den Tisch mit Hilfe von Magie. Aber eines Tages hat er Schnupfen, und sein Zauber funktioniert nicht richtig: Der Tisch wird vollkommen falsch gedeckt. Eine nette Idee, die den Kindern die Möglichkeit gibt, über das Tischdecken in einem nicht alltäglichen Zusammenhang zu sprechen. Zur Illustration sieht man den merkwürdig gedeckten Tisch und hinter seinem Stuhl Merlin, der gerade Folgendes von sich gibt:

$$AAA_AAA^TIS^HOO!$$

Dies ist nicht eben die übliche Schreibweise. *atishoo* erscheint nicht im zugehörigen Vokabelverzeichnis und schon gar nicht im Lehrerhandbuch. Offenbar hat der englische Mitautor von *English G* eine Erläuterung für überflüssig gehalten. Doch in einer Unterrichtsstunde, in der dieser Abschnitt im Lehrbuch in meiner Gegenwart behandelt wurde, wurde *atishoo* von Schülern und Lehrer ignoriert, von den Ersteren wohl gar nicht verstanden. Es könnte ja auch Merlins Zauberformel sein. Ähnlich verhielt es sich mit *yummy*. *Ein* Lehrbuch bringt es immerhin,[77] aber es „kommt nicht rüber."

Na und?, wird mancher sagen, man kann auch ohne *atishoo* oder *yum-yum* leben. Es ist schon der Einwand gemacht worden, dass man den deutschen Lernern doch etwas von ihrer nationalen Eigenart lassen solle. Man könne doch den Schülern nicht die letzten Feinheiten englischen Sprachverhaltens aufoktroyieren und dürfe sie nicht zu kleinen Engländern oder Amerikanern machen.

Ich weiß nicht, wie ernst man diesen Einwand nehmen muss. Wichtiger erscheint mir, dass gerade diese kleinen Elemente das Kommunizieren in der Fremdsprache erleichtern und gleichzeitig lebendiger machen. Zu berücksichtigen ist dabei auch, dass diese Dinge primär, ja fast ausschließlich zur gesprochenen Sprache gehören, Bestandteil des gesprochenen Englisch sind. Schriftliche Texte versagen hier, so dass dem Lehrer eine originäre Aufgabe als Sprachvorbild zufällt.

Eine Ausnahme bilden die **comic strips**, in denen sich gerade die *vocalizations* besonders häufen: *piff, paff, plonk!* Auditive Materialien können hier natürlich be-

---

[76] Hellmut Schwarz et al.: *English G, B 2*. Berlin: Cornelsen 1986, S.30.
[77] Raymond Williams et al.: *English H 2*. Berlin: Cornelsen-Velhagen & Klasing 1983, S.35. Hier sind zwei Restaurants zu vergleichen, *Burger World* und *Yummy's*. Vgl. auch Herwig Wulf: „Ökologie im Englischunterricht". *Praxis* 1993, S. 164-171.

gleitend eingesetzt werden. Authentische Hörtexte sind oft sehr ergiebig. (**Filme** sind dagegen weniger geeignet, selbst wenn sie reich an Beispielen für *fixed expressions* und *gap-fillers* sind, da das bewegte Bild stark von der Sprache ablenkt.)

Der bewusste Einsatz der geschilderten sprachlichen oder paralingualen Mittel lässt natürlich auch die Rede des Lehrers flüssiger erscheinen. Es muss wohl nicht weiter begründet werden, warum es beim Lehrer nicht nur um Korrekheit (*accuracy*), sondern auch um Flüssigkeit (*fluency*) geht. Das bedeutet, dass er die Sprache, ungezwungen und spontan, angemessen beherrscht. Wer nur in vorbereiteten, geplanten Situationen die richtigen Worte und den richtigen Ton findet, ist als Sprachvorbild noch nicht ganz auf der Höhe.[78]

In den in dieser Arbeit abgedruckten Unterrichtsausschnitten finden sich so gut wie gar keine *gambits* oder paralingualen Kommunikationsmittel. Es ist weniger anzunehmen, dass die betreffenden Lehrer nur wenige davon parat gehabt hätten, sondern dass sie sich aus Furcht vor einem zu großen Übergewicht der *TTT* zurückhielten, auch weil die *hems and haws* als unschön gelten. Auf der inhaltlichen Seite sind *gambits* sicherlich verzichtbar, aber als „Schmiermittel" (*lubricators*) für eine flüssige Unterhaltung und als Hilfe gerade für noch ungeübte Sprecher unentbehrlich.

3.4 Emotionale Anteilnahme

Mit Korrektheit, Flüssigkeit und Spontaneität ist noch nicht alles gesagt, was auf sprachlicher Seite vom Lehrer erwartet wird. Sprache dient ja zwischenmenschlichen Beziehungen, und die sind nicht rein akademisch, schon gar nicht in der Schule. Sprache und Kommunikation haben immer auch eine affektive Komponente. Ohne sie sind die Schüler nicht zu gewinnen. Hier liegt vielleicht das am ernstesten zu nehmende Argument derer, die es ablehnen, den gesamten Englischunterricht auf Englisch durchzuziehen. (Vgl. auch unten, 4.4.) Sie glauben, dass man ab und zu auch deutsch sprechen müsse, weil nur so die affektive Seite der Schüler zu erreichen sei. Der Beweis für die Richtigkeit dieser Annahme kann von solchen Leuten nicht erbracht werden, weil sie gar nicht erst versuchen, auch diesen Bereich in der Fremdsprache zu erschließen.

Als Beleg für eine andere Möglichkeit möchte ich etwas aus der eigenen Familie berichten. Wir verbrachten als Familie im Austausch ein ganzes Jahr in Amerika. Selbstverständlich gingen auch unsere Kinder (fünf und sieben Jahre alt) in die Schule. Niemand dort konnte mit ihnen eine Unterhaltung auf Deutsch führen. Von Anfang an tauchten sie in eine englischsprachige Umgebung ein, zu der sie anfäng-

---

[78] Vgl. auch S. 22 und Jill Cadorath/Simon Harris: "Unplanned classroom language and teacher training". *ELTJ* 52/3.1998, S. 194.

lich überhaupt keinen Zugang hatten. Da war es nicht verwunderlich, dass das eine der beiden eines Tages mitten in der Stunde auf den Tisch sprang und durch laute Schreie seiner Frustration Luft machte. Die Lehrerin wusste sich nicht anders zu helfen, als dass sie unseren Jungen zum Schulleiter brachte, der genausowenig Deutsch konnte. Er versuchte es also gar nicht erst, sondern sprach auf unseren Sohn auf Englisch ein, aber in einem Ton, aus dem der sofort schließen konnte, „dieser Mann will mich nicht strafen, er meint es gut mit mir" und sich recht schnell beruhigte. Daraus darf man schließen, dass die emotionale Komponente der Sprache von Kindern aus der Situation heraus auch ohne Vokabel- und Grammatik-Kenntnisse intuitiv erkannt wird.

Das geschilderte Beispiel ist jedoch ein Extremfall. Im üblichen Schulalltag verstehen die Schüler schon einiges. Wer also darüber hinaus selbst mit unbekannter Lexik durch entsprechenden Tonfall, Mimik und Gestik seine innere Anteilnahme verrät, wird auch in der Fremdsprache die emotionale Seite der Schüler erreichen. Das fängt schon und gerade mit den Nicht-Wörtern an, die primär bestimmte Gefühle verraten. Man kann Schüleraussagen ständig mit *good – good* begleiten, wie es nach meinen Beobachtungen viele, wenn nicht die meisten Lehrer tun. Man kann aber auch mit *fantastic*, *wow* und einiger Emphase den Schülern seine Freude bekunden.[79]

Seinen Unmut muss man nicht unbedingt sachlich formulieren. Natürlich darf man Schüler nicht beschimpfen, aber Dinge. Wenn sich im entscheidenden Moment der Arbeitsprojektor wieder einmal verdunkelt, ist *damn!* eine angemessene Reaktion. Nicht nur darf der Lehrer ab und zu einmal seinem Ärger Luft machen, er darf auch den Schülern zeigen, wie man das auf Englisch sagen kann. Und wenn *damn*, nach Aussage eines schottischen Gentleman verbürgt, ein stubenreiner Ausdruck ist, so sollen, ja wollen die Schüler auch wissen, welchen Stellenwert schlimme Wörter haben. *Bloody* ist für Deutsche zunächst ein relativ harmloses Wort, weil es ja automatisch mit „blutig" übersetzt und nicht mit einem Fluch (ursprünglich möglicherweise: *by our lady!*) assoziiert wird. Auch das kann nur in der entsprechenden Situation verdeutlicht werden. Ähnliches gilt auch für andere **Tabu-Wörter**, die die Schüler kennen sollten, damit sie nicht im Zweifelsfall erst fragen müssen: "Do you mean to insult me?"

Manche Lehrer lassen aber sehr wohl die Schüler ihren Ärger spüren. Das bezeugen diese Ausschnitte aus einer einzigen Stunde:

> *(Die Schüler sprechen durcheinander).*
> T Hanna, do you want to go outside? Do you want to go outside? Okay, go!

---

[79] Ein zufälliger Blick in die *TIMES* vom 8. Januar 2000 findet in einer einzigen Sprechblase eines *Comic Strip* ("Virtual Vernon"): "Superb, fab, the best, wow, mega!" Das dürften einige der heutigen „In-Wörter" sein.

(*Einem Schüler gelingt erst nach dreimaliger Hilfe durch den Lehrer die erwünschte Frage*)
T   Thank you, wonderful question!
P   Ja ja, is ja gut! Könnten Sie vielleicht mal erklären, ja?
T   Ah, Christian, please go outside.
T   Okay, Dino, you're not able to manage this difficult exercise!
T   Okay, Nina answer!
P   Kann er es bitte nochmal wiederholen?
T   No he can't, because you sit close to him, and you listened to him, even if it's this time of day.
P   Ich hab's nicht ganz verstanden.
T   Six. Mark six. Okay, Nina, eh? Matthias say it again, please.

Außer direkten Strafmaßnahmen („Hinauswurf", schlechte Note) – deren Angemessenheit wir hier nicht diskutieren wollen – fallen wiederholt ironische Bemerkungen. Diese werden trotz der scheinbar positiven Zeichen (*wonderful, please*) von den Schülern offenbar verstanden, wie besonders die erste Schülerreaktion zeigt. Dieses Verstehen beruht also auf dem Ton, in dem der Lehrer seine Worte hervorbringt.

Wenn Schüler in der Lager sind, die negativ emotionale Überlagerung der fremdsprachlichen Lehreräußerungen zu verstehen, darf man doch annehmen, dass sie auch für positive Untertöne in der Fremdsprache empfänglich wären. Unter diesem Aspekt ist es schwer zu verstehen, warum mancher Lehrer meint, im emotionalen Bereich auf jeden Fall die Muttersprache anwenden zu müssen.

3.5   Flexibilität und *speech modifications*

Und mehr noch: Selbstverständlich muss der Lehrer auch inhaltlich verstanden werden. Bei aller Natürlichkeit muss sich die Lehrersprache dem anpassen, was im Verstehensbereich der Schüler liegt. Krashens Formel i +1, **input** und etwas mehr, legt den Ton nicht auf „etwas mehr". Der *input*, das, was man hereingibt, muss zumutbar (*comprehensible*) sein. Das darf uns nicht zurückführen in die Zeit, als ängstlich darauf geachtet wurde, dass man ja keine Vokabel und keine Struktur verwendete, die noch nicht eingeführt worden war. Der passive Wortschatz ist ja viel größer, und das Erschließen von Verständnislücken gehört zu den wichtigsten Fähigkeiten, die der Lernende im Sprachenunterricht entwickeln kann. Häufig genügt es für den Lehrer, sich zu wiederholen. Das hat man bei der Sprachlaborarbeit besonders deutlich gemerkt (wenn auch hier und da übertrieben).

Aber betrachten wir einmal ein Beispiel aus der Fachliteratur, wo ein erfahrener, gut ausgebildeter Lehrer eine Stunde hielt.

> I want you to listen for two things + ahm + what kind of place + what kind of place does each person + want to go to ++++ and. When they get there + what do they want to do + ok so. what kind of place. What + do. they want to do ++ so we've got the mother + father + daughter ++ and let's listen carefully + three people talking but they also. Talk about two boys + the two boys are not speaking + but we hear + what they want to do + ok +++ two boys. The twins + the twins ++++ right. First time + just + listen all right. Don't write any notes + first time just listen + you've got these things + we're listening out for. Don't write anything first time + only listen ++ (plays tape)[80]

Dinsmore fügt dem Auszug aus der Stunde hinzu, dass das Sprechtempo viel langsamer als normal gewesen sei, dass die Stunde überhaupt viele Charakteristika von *foreigner talk*, Ausländerenglisch, aufweise, nämlich unnatürliche Betonung, Aspiration von End-Verschlusslauten und Wiederholung. Nunan, der in seiner Didaktik[81] (im Unterschied zu den meisten anderen) der Lehrersprache ein Kapitel widmet, zitiert Chaudrons Auflistung der *speech modifications,* der Anpassungsarten von Lehrersprache zum Zweck der besseren Verständlichkeit und Lernerleichterung:

1. Rates of speech appear to be slower.
2. Pauses, which may be evidence of the speaker planning more, are possibly more frequent and longer.
3. Pronunciation tends to be exaggerated and simplified.
4. Vocabulary use is more basic.
5. Degree of subordination is lower.
6. More declaratives and statements are used than questions.
7. Teachers may self-repeat more frequently.[82]

Das trifft sich weitgehend mit dem, was unter *foreigner talk* verstanden wird. Der Ausdruck als solcher lässt diese Anpassung in einem negativen Licht erscheinen. Tatsächlich muss man aber die einzelnen Charakteristika von *foreigner talk* daraufhin abklopfen, ob sie nicht doch in einen sinnvollen Sprachunterricht passen.

1. Das verlangsamte **Sprechtempo** gehört eindeutig nicht dazu. Da neue Lexik in der Regel nicht in großer Dichte und Häufung eingeführt wird, kann allgemein ein normales Sprechtempo vorgelegt werden; außer vielleicht bei wirklich neuen und unbedingt zu verstehenden Wörtern, damit deren Aussprache klar gehört wird. Diese Wörter müssen aber schnell in den üblichen Sprachfluss integriert werden, weil sonst das typische Klangbild des Englischen verfälscht wird und den Schülern bei der Konfrontation mit authentischer gesprochener Sprache unnötige Schwie-

---

[80] D. Dinsmore: "Waiting for Godot in the ELT classroom". *ELTJ* 39/4.1985, S. 227.
[81] David Nunan: "Focus on the Teacher: Classroom Management and Teacher-Student Interaction". *Language Teaching Methodology*. Hemel Hempstead: Prentice Hall 1991, S. 189-207.
[82] *Ebd.,* S. 191 und Craig Chaudron: *Second Language Classrooms. Research on teaching and learning.* Cambridge, New York: Cambridge University Press 1988, S. 85.

rigkeiten bereitet werden. Das ist im Englischen besonders deswegen so wichtig, weil viele Wörter je nach Sprechtempo eine andere Lautung erhalten, eine starke oder eine schwache, /eɪ/ oder /ə/ für *a*, /fɔ:/ oder /fə/ für *for* usw. Nun treten die englischen Schwachformen bei langsamem Sprechen gar nicht auf, sind aber nicht nur typisch für den englischen Satzrhythmus, sondern zeigen deutlich an, ob es sich jeweils um sinntragende oder nur um Strukturwörter handelt. /fɔ:/ bedeutet bei normalem Sprechtempo (außer am Satzende) eben nicht *for*, sondern *four*, /tu:/ nicht *to*, sondern *two* oder *too*. Nicht nur der schöne Limerick[83] mit dem /tu: tə tu: tu:/ wird bei voller Lautung aller Vokale /tu: tu: tu: tu:/ schwer verständlich. Nur sinn- und tontragende Silben werden voll als Starkformen gelautet. Das ist eine große Erleichterung, sobald man das Prinzip verstanden hat. Eben dieses Prinzip kann aber bei zu langsamem Sprechen nicht erkannt werden.

2. Anders verhält es sich mit den **Pausen**. Längere Pausen haben keinen Einfluss auf die Aussprache und den Satzrhythmus. Sie werden aber von allen denen benötigt, für die die Sprache noch nicht geläufig ist. Sie brauchen die Zeit, um das Klangbild analysieren und dekodieren zu können. Wenn diese Pause fehlt und sich der Redeschwall ohne Unterbrechung fortsetzt, ist das eine größere Verständnisbarriere als schnelles Sprechen mit Pausen. Der Ausschnitt aus der Dinsmore-Stunde zeigt daher viele hilfreiche Pausen (im Transkript je nach Länge mit + oder . verzeichnet).

Von der wissenschaftlichen Forschung zum Thema Sprechtempo erhalten wir wenig Hilfe. Chaudron berichtet über eine ganze Reihe von Veröffentlichungen zu diesem Thema und stellt fest, dass in diesen Untersuchungen *native speakers* und Lehrer, wenn sie zu Sprachlernern sprachen, ihr Sprechtempo verlangsamten, und zwar sprachen sie je nach Texttyp (Illustration, Beschreibung, Erzählen) und Lernfortschritt zwischen 100 und 150 Wörtern pro Minute, *non-native speakers* zwischen 55 und 127 Wörtern pro Minute, wenn die Adressaten *native speakers* waren; während englische Lehrer zu anderen *native speakers* bis zu 200 Wörter pro Minute sprachen.[84]

Es wird jedoch nicht erwähnt, ob bei diesen Wortzählungen Pausen mitgerechnet worden sind oder nicht. Eine schnelle Sprechweise mit vielen längeren Pausen könnte bei diesen Zählungen auf dasselbe herauskommen wie eine langsame Sprechweise ohne Pausen. Nach Chaudron gibt es Untersuchungen über Pausenlängen, und sie deuten auch darauf hin, dass Lehrer die Tendenz haben, längere

---

[83] *There was a young lady from Crewe*
Who wanted to catch the 2.02.
Said the porter: 'Don't worry
Or hurry or scurry,
It's a minute or 2222.'
Vgl. auch Herwig Wulf: „Ausspracheschulung im Grammatikunterricht?" *Englisch* 3.1993, S. 85-88.
[84] Craig Chaudron: *Second Language Classrooms. Research on teaching and learning.* Cambridge, New York: Cambridge University Press 1988, S.64ff.

Pausen gegenüber Lernern zu machen als gegenüber ihren Landsleuten. Es wurde aber nicht festgestellt, ob die Pausen absichtlich gemacht wurden, um das Hörverstehen zu erleichtern oder ob es sich schlicht um Eigenheiten der einzelnen Lehrer handelte. Chaudron hat selber Lehrer und Hochschullehrer beobachtet, die die Tendenz zeigten, ihren Sprechfluss um schwierige Wörter herum mit Pausen zu segmentieren, so dass ihre Sprache etwas "*choppy*" wirkte.[85]

Solche Pausen meine ich natürlich nicht, sondern bewusst gesetzte kürzere Pausen nach Sinngruppen und längere am Ende eines Satzes. Ich stütze mich hier nicht nur auf Beobachtungen von Lehrern, die bekanntes Wortmaterial in der Klasse mit natürlich wirkendem Sprechtempo verwendeten, aber Pausen ließen, und die offenbar gut verstanden wurden. Ich habe außerdem bei der Arbeit mit Studenten im Sprachlabor die Erfahrung gemacht, dass schwierige Texte erheblich leichter verstanden wurden, wenn ich die Hörtexte beim Überspielen mit Pausen versah. Als *intermediate learner* des Französischen habe ich am eigenen Leibe erfahren, dass ein pausenloser Redeschwall mich in der Regel überforderte, Dialoge im Theater jedoch, wo sich Pausen beim Redewechsel von selbst ergeben, kaum Schwierigkeiten machten. Schließlich hat es sich gezeigt, dass in Seminaren Referate von den Zuhörern besser aufgenommen werden, wenn sie nicht von einem fertigen Manuskript heruntergelesen werden. Das trifft zwar auch für Referate zu, die in der Muttersprache gehalten werden, aber es gilt in noch stärkerem Maße für fremdsprachliche Vorträge (wie sie an der Pädagogischen Hochschule Freiburg im Fach Englisch in der Regel gehalten werden). Die Informationsdichte in der geschriebenen und dann vorgelesenen Sprache ist höher, und die Zuhörer brauchen Zeit, um die Argumentation nachvollziehen zu können. Diese Zeit gewinnen sie, wenn die Vortragenden frei formulieren. Sie brauchen ihrerseits mehr Zeit, um sich die Formulierungen zu überlegen, sprechen deswegen aber nicht langsamer, sondern lassen Pausen eintreten und diese niemals innerhalb von Sinngruppen oder *breath groups*. Das scheint der wesentliche Faktor zu sein, dass frei gesprochene Referate besser verstanden werden.

3. Eine übertriebene Aussprache ist sicherlich bei der ersten Einführung notwendig. Im übrigen gilt das oben Gesagte.

4. und 5. Einfache Vokabeln und Satzstrukturen zu verwenden, ist je nach Lernfortschritt mehr oder weniger sinnvoll. Wir kommen darauf gleich zurück (unter 7.).

6. Wenn die *speech modifications* zur Folge haben, dass weniger Fragen gestellt werden, scheint das ohne Belang, da im Sprachunterricht allgemein eher zu viele als zu wenige Fragen gestellt werden.

---

[85] Craig Chaudron: *Second Language Classrooms. Research on teaching and learning.* Cambridge, New York: Cambridge University Press 1988, S. 70.

7. Wichtiger ist wieder die Frage, ob man sich häufig wiederholen soll oder nicht. Nunan berichtet von wissenschaftlichen Untersuchungen darüber, was effektiver sei, **simplification** oder **elaboration**, wobei *elaboration* redundante (bereits gegebene) Informationen enthält und *redundancy* durch Wiederholung und Umschreibung erreicht wird. Um Missverständnissen vorzubeugen, ist anzumerken, dass auch *elaboration* unter *simplification* rangieren kann. *Elaboration* ist natürlich auch eine Ausdrucksform, die dem Sprachenlerner das Verstehen erleichtern soll. Der Gegensatz besteht also genau genommen zwischen *restrictive (*oder *linguistic) simplification* und *elaborative* (oder *cognitive*) *simplification.* Lynchs Beispiele machen den Unterschied deutlich:

> Restrictive simplification
>
> > To the native listeners: "it's ironic"
> > To the non-native listeners: "it seems funny"
> >
> > Native: "if you worked hard you would make it"
> > Non-native: "if you could work hard, you would be rewarded"
>
> Elaborative simplification (for the non-native listeners)
>
> > "the beaver is known as a very industrious and busy, uhm, hard-working animal"
> > "Canada was booming and expanding and economically rich"[86]

An diesen Beispielen kann man auch erkennen, dass die unscharfen Synonyme bei der *restrictive simplification* für den Lerner nicht unbedingt verständlicher sind, wenn die eigentlich treffenden Ausdrücke gar nicht genannt werden, während bei der *elaborative simplification* sowohl die präzise Vokabel als auch ihre Umschreibung verwendet werden, wodurch sich die Verstehenschance in etwa verdoppelt. Jedenfalls scheint es vernünftiger, statt seine Sprache lexikalisch zu vereinfachen, sich lieber zu wiederholen und, besser noch, die gleichen Informationen in verschiedenen Formulierungen zu vermitteln. Man sollte also sprachlich so flexibel sein, dass man ohne Umstände in der Lage ist, im Zweifelsfall den gleichen Gedanken auf verschiedene Weise auszudrücken.

In Dinsmores Beispiel mögen die Wiederholungen häufiger sein als erforderlich. Um das zu beurteilen, müsste man natürlich die Situation in der Klasse kennen. Immerhin liegen verschiedene Formulierungen vor: "two boys – twins; don't write any notes – don't write anything." *Twins* und *anything* sind redundant, aber helfen den Lernern, das Wort *twins* zu reaktivieren und das Richtige zu tun, auch wenn sie vielleicht *notes* nicht verstehen. Da die spezifische Lexik nicht durch die Umschreibungen ersetzt wird, sondern ergänzt, handelt es sich hier um *elaborative simplification* (oder *elaborative modification*, wie wir gleich sehen werden).

---

[86] Tony Lynch: *Communication in the Language Classroom.* Oxford: OUP 1996, S. 11.

Nunan zitiert Parker und Chaudron:

> linguistic simplification such as simple syntax and simpler vocabulary do not have as significant an effect on L2 comprehension as elaborative modifications.[87]

Nunan folgert:

> They [teachers] should try to build in redundancy through the use of repetition, paraphrase and rhetorical markers rather than simplifying their grammar and vocabulary. (*ib.*)

Dieser Satz mag wissenschaftlich nicht hinreichend abgesichert sein, wird aber durch die eigene Erfahrung gestützt, ob man es nun selber mit einer Sprache zu tun hat, in der man nicht geübt ist, oder in der Schule nach dem beschriebenen Muster gearbeitet hat. Überzeugte Konstruktivisten halten Vereinfachung ohnehin für unzweckmäßig (s.o., S. 24).

Auf jeden Fall bietet eine Auswahl an verschiedenen Formulierungen – Redundanzen sind bei gesprochener Sprache vollkommen normal – ungleich mehr Verstehensmöglichkeiten als eine reduzierte Sprache ohne Wiederholungen, die demjenigen, der die gewählte Formulierung nicht verstanden hat, letzten Endes keine Chance zum Verständnis gibt. Größere Verstehensmöglichkeiten bedeuten auch bessere Lernchancen.

Hier ist ein typisches Beispiel:

> T ... copy the text. But there are two or three sentences in the text where words are missing, they're not there. So you must put the words into the sentences. You must finish the sentences, OK? Has everybody got it now? Sure? Frank, have you got it?

Die Erklärung und die Anweisung werden doppelt gegeben, aber in unterschiedlichen Formulierungen. Hier, bei der Stellung der Hausaufgabe, ist die Lehrerin ganz besonders darauf bedacht, dass sie verstanden wird, wie ihre viermalige Rückversicherung (*confirmation check*) bezeugt. Ansonsten ist diese Unterrichtsstunde arm an Redundanzen.

In unseren zahlreichen Unterrichtsprotokollen gibt es überhaupt nur wenige Beispiele für zweckmäßige Redundanz. Wiederholungen werden verhältnismäßig oft gebraucht, sind aber nicht so hilfreich (vgl. die Unterrichtsprotokolle S. 20, 31f., 67f. und 68ff. und bes. S. 128f.). Das hat auch die Arbeit im Sprachlabor gezeigt, wo Wiederholungen mit dem Ziel des Sicheinprägens bestimmter Wendungen und Strukturen erfolgreich sind (so auch die Wiederholung von *cassette recorder* S. 20), aber

---

[87] David Nunan: "Focus on the Teacher: Classroom Management and Teacher-Student Interaction". *Language Teaching Methodology*. Hemel Hempstead: Prentice Hall 1991, S. 191.

weniger, wenn es um das Hörverstehen geht. Beispielsweise habe ich selber, im Französischen eher in der Rolle des Lerners, die Erfahrung gemacht, dass es mir in einer Telefonzelle in Frankreich überhaupt nichts nützte, die Hinweise der Telefonistin mehrfach anzuhören, gerade weil die Auskunft immer vollkommen gleich war (vom Tonband). Sehr viel geeigneter sind Umformulierungen (*reformulations*). Dass diese in unseren Aufzeichnungen spärlich vertreten sind, *kann* natürlich an mangelnder Flexibilität der Unterrichtenden liegen, ist aber wohl eher darauf zurückzuführen, dass man versucht, die *TTT* in Grenzen zu halten.

Gute Beispiele für Umformulierungen bietet Tony Lynch in seinem Buch *Communication in the Language Classroom* im Kapitel "Input modifications".[88] Er unterscheidet nicht weniger als vier sprachliche Niveaus: *native, advanced, intermediate* und *elementary*. Entsprechend könne man sagen: *a weaver; a weaver – he used to weave straw hats; a weaver – he made hats and baskets; an old man who made hats and sold hats*. Für Fortgeschrittene wird hier noch mit der Verwendung des etymologisch zugehörigen Verbs eine Hilfe gegeben, für Anfänger wird nur das einfachste und unbedingt notwendige Vokabular gebraucht. Noch deutlicher ist vielleicht dieses Beispiel: *the penny dropped; it dawned on him; and then he realized; he thought – and he realized – it was easy*. Auffallend ist, dass für die unterste Lernstufe die meisten Worte gebraucht werden.

Da nun in einer gewöhnlichen Schulklasse verschieden weit Fortgeschrittene sitzen, muss man sich als Lehrer auch im Zweifelsfall sprachlich auf verschiedenen Niveaus ausdrücken, wodurch sich Redundanzen und Umformulierungen ergeben.

Wir haben bisher nur die *modifications* diskutiert, die auf einer rein sprachlichen Anpassung der Lehrersprache, des *input*, beruhen. Neben *input modification* gibt es nach Lynch aber noch zwei weitere Möglichkeiten der Abstimmung auf das Niveau der Lerner, *interaction modification* und *modification of information choice*.

Mit der letzten ist das Bestreben gemeint, für die Lerner dadurch verständlicher zu werden, dass man außer Vereinfachung und / oder Umformulierung zusätzliche Informationen liefert, also bei Beschreibungen mehr Details erwähnt, bei Vorgängen die logischen Beziehungen herausstellt und sozio-kulturell bedingte Verhaltensweisen erklärt. Es liegt auf der Hand, dass die zusätzlichen Informationen selbst wieder eine Erschwernis darstellen, weil erstens die Menge der Informationen zunimmt und zweitens bei Erzählungen und Argumentationen der rote Faden aus den Augen verloren gehen kann. Erklärungen von Verhaltensweisen vollends haben nichts mit Sprache zu tun und sind in der Regel den Lernern sehr wohl bekannt. Wenn sie ihnen dennoch erklärt werden, können sich die Lerner herablassend behandelt oder sogar beleidigt fühlen.

---

[88] Oxford: OUP 1996, S. 42f.

Zum Glück ist diese Art der *speech modification* verhältnismäßig selten und findet in unseren Aufzeichnungen keine Parallelen, außer in dem Beispiel auf Seite 20ff., das dort ausführlich besprochen wird.

Interaction modification ist prinzipiell nichts anderes als *input modification*. Sie bedeutet nur, dass die Unterrichtspersonen ihre Sprache mit dem Sprachniveau der Lerner nicht nur auf Verdacht abstimmen, sondern in unmittelbarem Kontakt mit ihnen. Es muss nicht weiter begründet werden, dass dies die erfolgreichste Art ist. Es sollte gelingen, die Schüler dahin zu bringen, dass sie die Unterrichtenden merken lassen, an welchen Stellen sie Schwierigkeiten haben, indem sie dies nicht nur in ihrer Mimik signalisieren, sondern auch indem sie fragen. Dann ist der Idealfall erreicht, wo Schüler sich von unnötiger Gängelei und Bevormundung emanzipieren und dort Hilfe bekommen, wo sie sie brauchen. Dafür notwendige Redemittel haben wir unter *gambits* genannt, die verstärkte Aussicht auf Lernerfolg unter 9.3 (*negotiation of meaning*).

Nach Slimani findet generell mehr Lernen statt, wenn die Schüler inititativ werden und Themen ansprechen (*topicalization*), als wenn die Lehrer diktieren, worüber gesprochen wird.[89] Der Maßstab für das Lernen ist bei Slimani *uptake*, das ist die Angabe über das Gelernte durch die Schüler selbst. Allerdings beruht Slimanis Ergebnis auf einer schmalen Basis.

3.6 Authentizität

Wir haben bisher verschiedentlich von authentischen Materialien, Texten und authentischer Sprache gesprochen, ohne genau anzugeben, was wir darunter verstehen. Der Grundgedanke ist der, dass authentische Texte, seien sie geschrieben oder gesprochen, solche sind, die von *native speakers* für *native speakers* verfasst worden sind bzw. verfasst werden. Diese Art von Authentizität ist für Unterrichtszwecke nicht unbedingt erforderlich und überhaupt brauchbar. Texte von *native speakers* für *native speakers* können auch Texte sein, die in einem starken Dialekt gehalten sind, der von Leuten außerhalb der Verbreitung dieses Dialekts, wiewohl innerhalb des englischen Sprachraums, nicht verstanden wird. Ebenso gibt es authentische Sprache innerhalb esoterischer Kreise, die gleichfalls von Außenstehenden nicht verstanden werden. Auf der anderen Seite gibt es auch innerhalb des englischsprachigen Raums Texte in *motherese* oder, in weniger stark ausgeprägter Form, Texte, die für Kinder oder Uneingeweihte, Nicht-Fachleute, eine vereinfachte Sprache wiedergeben. Auch der Engländer oder Amerikaner, der für Ausländer, die das Englische nicht perfekt beherrschen, seine Sprache adaptiert, spricht dennoch wirkliches Englisch, auch

---

[89] Assia Slimani: "The role of topicalization in classroom language learning". *System* 2.1989, S. 223-234.

wenn es der Definition oben nicht mehr genügt. Es erscheint aber zweckmäßig, in den Authentizitätsbegriff eine solche Sprache aufzunehmen. Damit können auch für Unterrichtszwecke zugeschnittene Texte als authentisch gelten. Tatsächlich werden solche Texte auch von verschiedenen Autoren als authentisch anerkannt, solange sie so gestaltet sind, dass ein *native speaker* sie für authentisch halten könnte; dass er an ihnen nichts findet, was in ihm Zweifel aufkommen lassen könnte, dass sie unecht seien.[90]

Wichtiger als authentische Textvorlagen sind in unserem Zusammenhang authentische Hörmaterialien, die die unmittelbaren Vorbilder für die Lerner als Sprecher der Fremdsprache sind. Für Hörmaterialien gelten die gleichen Authentizitätskriterien wie für geschriebene. Sie dürfen didaktisiert sein, müssen aber immer noch den Eindruck der Echtheit erwecken. Das geschieht besonders dadurch, dass sie alle Merkmale der gesprochenen Sprache aufweisen wie dialektische Färbung oder Akzent, Redundanzen, *fixed expressions*, paralinguale Kommunikationsmittel, *false starts*, Ellipsen und, besonders wichtig, den natürlichen Sprachrhythmus. Das sind Elemente, die nicht nur für die Lerner von Bedeutung sind, sondern mit deren Hilfe auch der Lehrer seine *near-nativeness* aufrecht erhalten kann. In dem neu definierten Sinne von Authentizität ist auch die Sprache des (kompetenten) Lehrers authentisch. Vielleicht sollte man hier (wie Bludau)[91] von *near-authenticity* reden.

So kann er im Dialog mit den Schülern in die von Wolff geforderte authentische Interaktion eintreten, in der nicht nur die Sprache, sondern auch die Aufgaben und Anliegen der Kommunikationspartner authentisch sind.[92] Bei Aufgaben heißt das, es ist vorstellbar, dass sie einem realistischen Zweck dienen; bei Anliegen, dass es wirklich die sind, die die Gesprächspartner haben.

Es ist hier nicht der Ort, die Diskussion über Authentizität zu vertiefen. Dieser Begriff ist u.a. in der Zeitschrift *Zielsprache Englisch* sehr ausführlich und von den verschiedensten Standpunkten aus erörtert worden. Ich habe darum diese Artikel in der Bibliographie zusammengestellt und mit kurzen Kommentaren zur schnellen Orientierung versehen, soweit sich der Inhalt nicht aus dem Titel ersehen lässt.

---

[90] So z. B. Heinrich Schrand: „Zur Arbeit mit authentischen Texten". *ZE* 1.1983, S. 2; Mary Slattery: "Touchstone of modern culture?" *ZE* 3.1996, S. 24; David Barnaby: "Authentic? It's a genuine repro". *ZE* 4.1996, S. 2; Thomas Fritz: „Authenticity Rules OK". *ZE* 1.1997, S. 13; Patricia Mugglestone: "There is nothing sacred about authentic materials". *ZE* 3.1996, S. 9.
[91] Michael Bludau: „Authentizität – eine fachdidaktische Fata Morgana?" *ZE* 2.1996, S. 13.
[92] So z. B. Carsten Röver: „How authentic can you get? Authentizität um jeden Preis?" *ZE* 4.1991, S. 12f.; Gaynor Ramsey: "The question of authenticity". *ZE* 3.1996, S. 17-19.

3.7 Die sprachlichen Anforderungen an den Fremdsprachenlehrer

Korrektheit, Natürlichkeit, Spontaneität, emotionale Beteiligung, *near-authenticity*, Flexibilität: Es ist eine ganze Menge, was der kommunikative Unterricht dem Lehrer abverlangt. Ist der Anspruch zu hoch? Geoff Thompson hat diesen Gesichtspunkt klar angesprochen. Er nennt es eine Fehleinschätzung, dass der kommunikative Sprachunterricht eine Sache der *native speakers* sei und von anderen nicht zu bewältigen.

> The points [Argumente] are presented as defects of CLT [communicative language teaching], as reasons for rejecting it, but they can equally well be presented as reasons for embracing it. Teachers have the opportunity to re-evaluate their beliefs and practices; they have an incentive to develop their skills; they are encouraged to enjoy themselves in their work, to avoid dull repetition of the same predictable set of materials, activities, and answers year in, year out. This view may appear unduly optimistic to some, but there seems no reason to assume that the majority of teachers do not welcome such opportunities – if they are recognized as such.[93]

Im übrigen könne man die Höhe der Anforderungen auch übertreiben, wie es Medgyes getan hat[94], "describing as the CLT norm an unrealistically superhuman teacher." Außerdem stünden dem Lehrer heute so gute Lehrwerke zur Verfügung, die sehr praktische, handfeste Leitlinien und Übungen bereitstellten, die vom Lehrer nicht mehr als die Bereitschaft verlangten, sie auszuprobieren. Schließlich:

> The majority of non-native teachers of English that I have worked with have a high enough level of proficiency to cope fairly easily with the required shift towards more fluent and less pre-planned use of the language. (*ib.*)

Ich kann dies aus meinen Beobachtungen bestätigen. Es gibt sogar Lehrer, die sprachlich mühelos die Anforderungen von *CLT* erfüllen könnten, es jedoch nicht tun, weil sie vielleicht befürchten, sie könnten die Schüler überfordern. Man braucht auch etwas Mut, neue Wege zu gehen.[95]

---

[93] Geoff Thompson: "Some misconceptions about communicative language teaching". *ELTJ* 50/1.1996, S. 14.
[94] 1986. Referiert *ebd.*, S. 13.
[95] Eine Anmerkung Robert O'Neills mag dieses Thema abschließen: "I am not, by the way, arguing that native-speaker teachers are always better than non-native-speaker teachers. On the contrary, I believe that as models fluent non-native speakers can be just as good as native speakers are and, at least in some important respects, even better. Fluent non-native speakers reveal strategies ... that can help other non-native learners to cope better with the target language. Also non-native teachers have one inestimable advantage over native-speakers, particularly those who have never learnt a foreign language. They have actually learnt the target language as foreigners and have direct insight into and experience of the processes involved for other non-native speakers." ("The plausible myth of learner-centredness: or the importance of doing ordinary things well". *ELTJ* 45/4.1991, S. 304, Anm. 1).

4 Wieviel Deutsch verträgt der Englischunterricht?

Es gibt natürlich auch den Englischlehrer, dessen Sprachbeherrschung für den kommunikativen Unterricht schlicht nicht ausreicht. Er weicht bei jeder Schwierigkeit auf das Deutsche aus und sieht sich in der Gesellschaft derer, die die Auffassung vertreten, es gäbe auch triftige Gründe dafür, Teile des Unterrichts auf Deutsch zu geben.

Solche Gründe könnten sein:

1. Die Lerner selber zögen den Gebrauch der Muttersprache vor.
2. Die Lerner hätten von Natur aus die Tendenz, alles für sich zu übersetzen, auch wenn der Unterricht einsprachig gegeben werde.
3. Einsprachiger Englischunterricht mache es den Schülern unmöglich, ihre eigenen Fragen zu stellen.
4. Eine mehr als sachliche, formale Beziehung zu den Schülern, die diese auch gefühlsmäßig anspräche (*a close rapport*), lasse sich nur in der Muttersprache aufbauen und unterhalten.
5. Klassengeschäfte seien schneller erledigt, wenn man nicht erst den mühevollen Weg über die Fremdsprache wähle.
6. Bei Grammatik könne man nicht x durch y erklären.
7. Überhaupt könne man bei neuen Vokabeln und Strukturen viel Zeit durch Übersetzung und deutsche Erklärungen sparen.

Wir wollen diese Argumente der Reihe nach diskutieren.

4.1 Bevorzugung der Muttersprache durch die Schüler

Die These von der Bevorzugung der Muttersprache durch die Schüler wird durch eine wissenschaftliche Untersuchung, die bei Harbord referiert wird,[96] als nur für Anfänger und wenig Fortgeschrittene gültig widerlegt. Es ist dies natürlich Gewöhnungssache, und in einem Unterricht, der die Muttersprache extensiv benutzt, kann sich nichts anderes etablieren.

---

[96] John Harbord: "The use of the mother tongue in the classroom". *ELTJ* 46/4.1992, S. 350: "It is worth noting that research by Del Mar *et al.* suggests that this is only true of beginners and pre-intermediate students."

4.2 Die Übersetzung im Stillen

Die Tendenz, im Stillen alles für sich zu übersetzen, besteht ohne Frage, kann aber im Verlauf der Jahre durch einsprachigen Unterricht abgeschwächt werden, zumal wenn man im Unterricht das Englische direkt als Gebrauchsmittel verwendet, wenn Worte ohne Zwischenschritt Auswirkungen zeigen. Schon früh werden die Schüler Dinge wie *good morning, good-bye, thank you* etc. ohne einen Gedanken an das Deutsche verwenden und zunehmend auch längere Handlungsanweisungen und andere häufig verwendete Redewendungen für sich unübersetzt lassen. Welcher Grad der Einsprachigkeit erreicht wird, ist sicherlich individuell verschieden, aber je weiter man kommt, um so leichter können auch die Schüler in der Fremdsprache ohne Umweg kommunizieren.

4.3 Persönliche Belange

Auch der einsprachige Unterricht schließt nicht aus, dass Schüler ihre persönlichen Belange in der Muttersprache ausdrücken dürfen, wenn ihnen das fremdsprachliche Vokabular dazu fehlt. Wer aber von vornherein Schülerinitiativen grundsätzlich in der Muttersprache vorbringen lässt, gerät schnell in das Fahrwasser der Zweisprachigkeit. Dann wird ein Lernanreiz verschenkt; denn das Vokabular für die eigenen Belange ist natürlich genau das, was die Schüler lernen wollen. Der Beweis, dass sie etwas nicht angemessen auf Englisch sagen können, wird durch ihre Versuche erbracht, und der Lehrer wird dann gemeinsam mit den Schülern eine passende Formulierung finden. Ich habe es mehrfach erlebt, dass Schüler, die zuerst behaupteten, sie könnten etwas nicht auf Englisch sagen, nach einiger Ermutigung es doch durchaus zufriedenstellend fertigbrachten.

4.4 Die emotionale Seite

Die Behauptung, dass die emotionale Seite der Kommunikation nur in der Muttersprache möglich sei, ist nirgends belegt, wohl aber das Gegenteil, wie wir oben schon gesehen haben (unter 3.4). Selbstverständlich sind auch hier Ausnahmen denkbar, etwa bei äußerst sensiblen, ernsten Anlässen, wo der Schüler schon im heimischen Dialekt kaum Worte findet.

Über die erfreulichen oder ärgerlichen Dinge des Alltags lässt sich ohne weiteres in der Fremdsprache reden. Außerdem könnte man auch Lektüre auswählen, die Trauer und Mitleid erregt, also nicht nur die üblichen lustigen Geschichten und kleinen Krimis. Mir ist die Kritik eines Gymnasiasten noch im Ohr, der einmal erklärte, dass er den Latein- dem Englischunterricht vorziehe. In Englisch gebe es immer nur Lustiges und Banales, aber nichts Ernstzunehmendes zu besprechen. Die alltäglichen Begebenheiten kann man lustig finden oder ernst nehmen. Auf jeden Fall braucht man, will man darüber sprechen, ein Vokabular, dass nicht nur faktisch ist. Die üblichen Phraseologien helfen hier nicht. Offenbar hat man beim Verfassen solcher Broschüren nicht daran gedacht, dass der Fremdsprachenunterricht außer für den Inhalt der Lektionen und die dazu gehörige Grammatik allenfalls noch das Vokabular für die Organisation und Lenkung des Unterrichts benötigt, aber keines für persönliche Gespräche im Umgang mit den Schülern.[97] Das Vokabular dafür darf aber nicht einfach neutral sein.

Heuer/Klippel machen darauf aufmerksam, dass auch die Lehrwerke auf diesem Sektor wenig hilfreich sind, weil sie die Ausdrucksmöglichkeiten für Gefühle erst spät und nur in geringem Umfang einführen. So falle den Lehrern die wichtige Aufgabe zu, von Anfang an die Schüler mit den sprachlichen Mitteln zum Ausdruck von Gefühlen und Meinungen vertraut zu machen.[98]

Cattliff/Thorne machen wirklich gute Vorschläge für eine gefühlsbetonte Sprache, aber leider nur unter dem Titel *Praise*.

> Well done, Richard; that *does* look good.
> Shall I wipe the board?
> Yes, do. That's a really good idea, Richard, thank you.
>
> Praise can easily be expressed by emphasising the auxiliary verb (supplying do / does, if necessary) or by emphasising the word "really" ... Put feeling into the following ...[99].

Emphase kann auch in anderen Zusammenhängen gebraucht werden.

Bereits Taylor hatte in der neutralen Sprache des traditionellen Unterrichts ein Manko empfunden und daher vorgeschlagen: "Teach your pupils how to gossip."[100] Auch Wingfields Anregungen zielen in die gleiche Richtung: "Conversational responses to statements."[101] Beide Aufsätze scheinen nicht den Anklang gefunden zu haben, den sie verdienen.

---

[97] Vgl. aber den Anhang.
[98] Helmut Heuer/Friederike Klippel: *Englischmethodik. Problemfelder, Unterrichtswirklichkeit und Handlungsempfehlungen*. Berlin: Cornelsen-Velhagen & Klasing 1987, S. 126.
[99] *English in the Classroom*. Frankfurt am Main: Diesterweg 1988, S. 51.
[100] *ELTJ* 31/3.1977, S. 222-226.
[101] *ELTJ* 27/1.1972, S. 24-27.

4.5 Klassengeschäfte

Es steht außer Frage, dass sich Klassengeschäfte in der Muttersprache schneller erledigen lassen. Aber was wird damit gewonnen? Vielleicht mehr Zeit für die Angelegenheiten der fiktiven Lehrbuchkinder oder für künstliche Übungen. Die reale Situation in der Klasse ist ungleich stärker ansprechend, und wenn der Lehrer auf Englisch behandelt, was die Schüler selber betrifft, werden sie sich ganz natürlich um das Verstehen bemühen. Sie sollen die Gelegenheit haben festzustellen, dass die Fremdsprache für *alle* Zwecke zu gebrauchen ist, gerade für die eigenen, und nicht nur für die Themen der Lektion. Sie müssen die Fremdsprache als Kommunikationsmittel erfahren, mit dem Dinge bewirkt werden können.

Wenn man mit Sinclair/Brazil die Tätigkeitsfelder der Lehrer einteilt in *content, organization, discipline* ("*areas of attention*") und *telling, controlling, stimulating* und *rewarding* ("*what teachers do*"), so fallen die Klassengeschäfte wohl restlos unter **organization**. Bei der feineren Unterteilung bei Black/Butzkamm gehört Folgendes dazu: *classroom organization, learning problems, homework, tests, failure, stress, extra-classroom activity, personal problems, social problems* unter den *situational categories;* aber auch *conflict, refusal, opposition, threat, mediation, compliance, expression of feelings* unter den *notional categories;*[102] wobei ich persönlich die aus den notionalen Kategorien ausgewählten Aspekte den persönlichen und sozialen Problemen zurechnen würde.

Dies zeigt auf der einen Seite, dass die Kategorien nicht scharf zu trennen sind, auf der anderen Seite aber auch die Vielfalt der Tätigkeitsfelder der Lehrer außerhalb des „eigentlichen Unterrichts", des *core of language teaching*. Dieser Kern wird bei Sinclair/Brazil unter *content* zusammengefasst, bei Black/Butzkamm unter *information* (*enquiry, explanation, advice*), wo mir das *telling* zu fehlen scheint.

Unter den in dieser Arbeit abgedruckten Unterrichtsmitschnitten spiegelt der auf den Seiten 67ff. eine typische Situation wieder und demonstriert darüber hinaus, dass eigentlich alles schon im Anfangsunterricht auf Englisch behandelt werden kann, und eben nur im Anfangsunterricht eine gemäßigte Zweisprachigkeit notwendig scheint.

Unter den erwähnten Tätigkeitsfeldern, die nicht zu *content* gehören, nimmt wahrscheinlich (*classroom*) *organization* den größten Raum ein. Dazu sagt Harbord:

> Giving instructions for a task is one of the most genuine opportunities for teacher-student communication in the classroom. As mentioned earlier, the most recent development in theory suggests that this is an important source of language for student acquisition. To sacrifice this ... in order to set up complicated communicative interaction activities, would seem to be counterproductive.[103]

---
[102] "Classroom Language: Materials for Communicative Language Teaching". *ELTJ* 4/32.1978, S. 272.
[103] *Ebd.*, S. 353.

Aufgabenstellungen und Handlungsanweisungen erfolgen nach Solmecke immerhin so oft auf Englisch – wenn auch verschiedentlich auf Deutsch –, dass es sich lohnt, die damit verbundenen Lehreräußerungen zu analysieren. Seine Analyse mündet in die Warnung, dass man diese Dinge nicht auf die leichte Schulter nehmen dürfe. Zu oft würden Anleitungen zu Übungen und Versuche, das Unterrichtsgeschehen zu steuern, missverständlich und unklar ausgedrückt. Nicht viel hilfreicher sei es, wenn die Unterrichtsperson lediglich auf Seite und Nummer einer Übung verweise. „Der bloße Verweis auf ‚*exercise number four on page nine*' weise den Unterrichtenden nicht unbedingt als Gesprächspartner im Sinne des Lernziels Kommunikationsfähigkeit aus."[104]

Wenn dieser Teil der Lehrertätigkeiten oftmals unbefriedigend ausfällt, so erklärt sich das zum Teil daraus, dass es dafür noch keine etablierte Tradition gibt (die Lehrer der heutigen Lehrer waren damit noch nicht aufgewachsen) und die nötige Übung fehlt. Das darf aber nicht heißen, dass diese Dinge vom Englischunterricht ausgeklammert werden. *Practice makes perfect*, ganz sicher, wenn man die Argumente anerkennt und sich Mühe gibt. Der Gewinn ist unschätzbar.

4.6 Grammatik

Die Funktion von grammatischen Erscheinungen zu klären, ist in jedem Fall schwierig. Auch die Muttersprache als Vermittlerin versagt hier in der Regel (die Doppeldeutigkeit ist gemeint!). Zu leicht verfällt man da selbst im Deutschen in eine Metasprache, die die Schüler auch nicht verstehen. Grammatik wird eigentlich nur durch treffende Beispiele im Zusammenhang verstanden. Aus verschiedenen Beispielen kann man die Regelmäßigkeiten herausarbeiten, nicht unbedingt in ausformulierten Regeln (die oft genug entweder vergessen oder, schlimmer noch, falsch angewendet werden),[105] sondern eher durch veranschaulichende Bilder, Symbole und Hervorhebungen. Im übrigen kann das Ausweichen auf das Deutsche auch zur Folge haben, dass die Schüler merken, „Aha, hier kommt jetzt etwas Schwieriges, wo das Englisch unseres Lehrers nicht mehr ausreicht". So kann sich eine Sperre aufbauen („Das verstehe ich sowieso nicht") und ein Gefühl der Frustration einschleichen.[106]

---

[104] Gert Solmecke: „Aufgabenstellungen und Handlungsanweisungen im Englischunterricht". *Praxis* 1998, S. 33.
[105] Vgl. K. Hecht/P. S. Green: „Grammatikwissen unserer Schüler: gefühls- oder regelgeleitet?" *Praxis* 1992, S. 151-162.
[106] Vgl. auch Herwig Wulf: „Rezeptiv – ein Rezept für den Grammatikunterricht?" In: Udo O. H. Jung (Hg.): *Praktische Handreichung für Fremdsprachenlehrer*. Frankfurt/Main, Berlin: Peter Lang 1998, S. 317.

4.7 Zeitgewinn?

Die Verwendung der Muttersprache zum Zeitgewinn ist unter 4.5 schon angeklungen. Es ist wohl das häufigste aller Argumente. Das heißt noch nicht, dass es sticht. Dieses Argument geht davon aus, dass der Lerner bei muttersprachlichen Erklärungen schneller versteht. Das ist oft gar nicht der Fall. Wir haben das schon oben bei der Grammatik gesehen. Beim Wortschatz gründet sich die vermeintliche Schnelligkeit auf Vokabelgleichungen. Dass die selten stimmen, ist nichts Neues.

Bread heißt Brot; allerdings ist englisches oder amerikanisches Brot schon recht anders als deutsches, und wie ist es mit *ginger bread*? Wie steht es mit *opportunity* und *occasion*, mit *brush* = Pinsel oder = Bürste oder = Gestrüpp; *do one's duty* = seine Pflicht tun; *do one's homework, do one's hair* = Hausaufgaben, die Haare machen? Man muss nicht weit gehen, um festzustellen, dass das Übersetzen schnell zu Missverständnissen oder Fehlanwendungen führen kann. Wer hier also zweisprachig arbeiten will, muss doch anschließend relativieren, Erklärungen abgeben, Gegenbeispiele liefern, falsche Freunde entlarven und anderes mehr. Wenn das geleistet ist, kann von Zeitgewinn nicht mehr die Rede sein.

Auf der anderen Seite ist die einsprachige Arbeit insofern schneller, als sie am Ende nicht nur die Bedeutung geklärt, sondern auch die Aussprache im Zusammenhang geübt, Kollokationen eingeführt und natürlich die Einbettung neuer Wörter in typische Kontexte geliefert hat. Anders ausgedrückt, bei einsprachiger Wortschatzarbeit werden dem Schüler gleich die Muster des Sprachgebrauchs geliefert. Hinzu kommt, dass er sich im Erschließen aus dem Kontext und im Verstehen von Definitionen übt.

4.8 Gezielter Einsatz der Muttersprache

Das schließt ja nicht aus, dass man sich die Verwandtschaft der beiden Sprachen zunutze macht. Bei Wörtern wie *theatre* oder *psychology* kann man sich durch einfachen Tafelanschrieb längere Erklärungen sparen; bei Wörtern wie *rhyme, bear* oder *shoe* kann man davon ausgehen, dass, zumal im Zusammenhang, die Verwandtschaft mit Reim, Bär oder Schuh eher beim Hören erkannt wird. Mit anderen Worten: Dem deutschsprachigen Anfänger wird sich die lange Liste der verwandten Lexik teilweise spontan erschließen (etwa bei *finger, arm, sing*), teilweise mit der Hilfe des Lehrers, wenn er die durch das Schriftbild getarnte Lautung realisiert (*rhyme, shoe*) oder das durch die Lautentwicklung veränderte Klangbild durch die etymologische Schreibweise in der englischen Sprache aufdeckt (*come, warm, cousin, psychology*). Diese Liste reicht von paralingualen Kommunikationsmitteln (*ouch, ugh*) und grammatischen Endungen (Pauls – *Paul's*; she cook<u>s</u> – sie koch<u>t</u>, aber *he can_* – er kann_) über einfache und zusammengesetzte Wörter (*forgetmenots, pocket money, user-*

friendly) bis zu längeren Ausdrücken wie *let the cat out of the bag, lead s.o. by the nose, have a screw loose.*[107]

Auf der anderen Seite gemahnen die *false friends* zur Vorsicht. Ich kann mir nicht vorstellen, dass ein Lehrer, auch wenn er der feurigste Verfechter des einsprachigen Unterrichts ist, die Schüler nicht sehr bald auf das berüchtigte *become* aufmerksam macht oder später auf die semantische Differenz von *actual* und aktuell, *sensible* und sensibel.

Damit sind wir schon einige Zeit beim **Sprachvergleich**, der sicherlich sehr hilfreich sein kann und der selbstverständlich nicht ohne das Deutsche auskommt. Dass "I have lived in London for three years" im Deutschen mit „Ich wohne schon seit drei Jahren in London" wiedergegeben wird, sollte schon einmal demonstriert werden (besser von den Schülern gefunden); oder dass "I won't be able to come before / until 10 o'clock" im Deutschen heißt „Ich kann erst um 10 Uhr kommen."

So macht auch Harbord, der ja ganz entschieden für einen einsprachigen Unterricht eintritt, den Vorschlag der "translation of single words or phrases in context"[108]. Er denkt hier u.a. an eine bestimmte Übung bei Duff, in der einzelne Wörter und Wendungen mit Nachdruck gesprochen und in der Schrift durch kursiven Satz hervorgehoben werden: [109]

When do we cross the border? We *have* crossed the border.	Wir *sind* (doch) schon über die Grenze (gefahren).
My son's no good at French, *but he does try*.	... aber er versucht es wenigstens / immerhin gibt er sich Mühe.
D'you know who he is? *I do indeed!*	O ja, und ob ich das weiß!
Talk properly. *I am talking properly*.	Ich spreche doch, wie es sich gehört. [Meine Übersetzungsvorschläge]

In solch einer Übung merkt der Schüler sehr bald, dass gerade die betonten Stellen sich einer Wort-für-Wort-Übersetzung entziehen und dass außer vielleicht im ersten Falle das Deutsche weniger mit der Betonung als mit den (für Ausländer schwierigen) Partikeln wie *schon, immerhin* und ganz besonders *doch* arbeitet.

Weiterhin empfiehlt Harbord den Sprachvergleich:

> ... aiding L2 acquisition through comparison with L1. These strategies have two purposes: the first is to make students aware of the dangers of translation and teach them to exercise a conscious check on the validity of their unconscious

---

[107] Vgl. dazu ausführlicher Herwig Wulf: "Forgetmenots". *ZE* 3.1988, S. 36-37.
[108] "The use of the mother tongue in the classroom". *ELTJ* 46/4.1992, S. 355.
[109] Alan Duff: *Translation*. Oxford: OUP 1989, S. 50-53.

translation; and the second is to teach them ways of working towards what Danchev (1982:55) calls ‚functional translation' (i.e. transferring meaning into L2) rather than the word-for-word translation that occurs when the learner's unconscious need to make assumptions and correlations between languages is ignored.[110]

Was hier *functional translation* genannt wird, stimmt mit dem überein, was wir hierzulande unter **Dolmetsch**übungen verstehen, die Übertragung von Sprechabsichten (eher als Bedeutungen) von der einen in die andere Sprache, also nicht ein Wort-für-Wort-Übersetzen. So möchten wir auch den Lehrplan verstanden wissen.[111]

Einen wichtigen Grundsatz gilt es noch zu beachten. Auf jeden Fall ist nicht nur ein ständiges Springen von einer Sprache in die andere (*code switching*) zu meiden, sondern überhaupt, dass die Muttersprache häufiger als unbedingt erforderlich und vermeidbar in den Englischunterricht eindringt. Nur wenn Deutsch die Ausnahme bleibt, können sich die Schüler allmählich daran gewöhnen, dass im Englischunterricht wirklich nur Englisch in Frage kommt. Sie sollten den Fachlehrer mit der englischen Sprache identifizieren,[112] und wenn sie selbstverständlich auch wissen dürfen, dass er eigentlich Deutscher ist, sollte das nicht ständig ins Bewusstsein gehoben werden. Nur dann ist das Haupthindernis gegen das Sprachenlernen zu überwinden. Es besteht darin, dass der Schüler sich die ganze Zeit dessen bewusst bleibt, er könnte alles viel einfacher haben, wenn Schüler wie Lehrer sich der gemeinsamen Muttersprache bedienten. Was wir erreichen müssen, ist die viel beschworene *willing suspension of disbelief*, wie es Littlewood mit den Worten des Dichters Coleridge bezeichnet hat.

> What is important is not the *objective* reality or unreality of the communication, but its *subjective* reality as perceived by the participants, for which a certain "suspension of disbelief" is required in order to eliminate inconsistencies.[113]

Auf die Dauer ist das die tragfähigste Grundlage für die Motivation zum Sprachenlernen. Sie wird nicht nur durch ein „englisches" Klassenzimmer, authentisch anmutende Materialien und immer raffiniertere Medien suggeriert, die die englisch-

---

[110] John Harbord: "The use of the mother tongue in the classroom." *ELTJ* 46/4.1992, S. 354f.
[111] *Bildungsplan für die Realschule.* Hg. Ministerium für Kultus und Sport Baden-Württemberg, Stuttgart 1994. Englisch ab Klasse 8, S. 231, 309, 381. „Dolmetschen ist eine primär mündliche Fertigkeit ... Es dient dem Umsetzen von Sprechintentionen von einer Sprache in die andere. Angestrebt wird Treffsicherheit in der Wiedergabe von Redeabsichten in Alltagssituationen" (S. 231). Mit „wir" sind übrigens die Autoren der letzten Revision gemeint: Christel Olivier, Gerhard Großnann, Gerd Vogel und Herwig Wulf.
[112] Eine mögliche Parallele könnte die bilinguale Erziehung von Kindern im Vorschulalter sein. Dort hat sich ein Ansatz als besonders wirksam bewährt, der *one parent – one language approach*. Dieser und das Prinzip *one context – one language* helfen, die Grenzen zwischen den Sprachen festzulegen. Eine entsprechende Rolle könnte in der Schule der Fremdsprachenlehrer ausfüllen. Vgl. Colin Baker: *Foundations of Bilingual Education and Bilingualism.* Clevedon, Philadelphia, Adelaide: Multilingual Matters 1994, S. 77f.
[113] William T. Littlewood : "The Acquisition of Communicative Competence in an Artificial Environment". *Praxis* 1975, S. 19.

amerikanische Wirklichkeit ins Klassenzimmer holen, angefangen von lebensnahen Lehrbuchtexten über Tonbandaufzeichnungen authentischer Sprache und Filme bis hin zum Internet,[114] sondern in noch höherem Maße durch die Lehrperson selbst und die an sie gekoppelte Sprache.

Anwendung
Ausschnitt aus einer Unterrichtsstunde in einer 5. Realschulklasse in Südbaden

Die Lehrerin ist gebürtige Amerikanerin, spricht aber auch fließend deutsch.

Wir befinden uns am Anfang der Stunde, nach der Begrüßung.

T Wir machen Folgendes, am Mittwoch. + Hey! Was ist denn? + Ja. But you must be quiet, Betty. You can sit there, but you mustn't talk. If you make a lot of noise, then I'm sorry you have to go somewhere else. + OK Für Mittwoch Folgendes: Wir essen hier. Essen wird serviert um 1 Uhr. At one o'clock, OK? We eat lunch, and, er, then we will learn English. Oh no, we're going to learn German. Yes, with Nora on Wednesday. And then, at 2.30, 2.30.

P 14.30 Uhr!

T Then we will meet each other at the border, OK?

P Wann soll ich Mathe machen?

T A week later, OK?

P Nächsten Mittwoch?

T Yeah. OK.

P Wie soll man an die Grenze kommen?

T Maybe your parents will come, your mum and dad, maybe. Or at 3 o'clock. 3 o'clock is better. 3 o'clock, and then we'll have a lot of time for German, OK?

P Um 1/2 3 Uhr an der Grenze.

T OK. Ja, Ann?

P (unverständlich)

T Yeah, if you have enough time, you don't need to do German. If you're good in German, you can do something else, OK? + Maybe Frl. Y will come with us. Would you like to come with us to Basel on Wedsnesday? Yeah, if you have time then it would be good. Immer. Always.

P Frau X! Um 1/2 3 Uhr an der Grenze?

T Oh, drei – er, three o'clock I think is better. Yeah, 2.30 is too early. If we're going to eat at 1 o'clock, then it'll be 1.30. Then we'll need about an hour or an hour and a half for our work here ...

---

[114] Alles Dinge, die in jüngster Zeit erneut gefordert werden, insbesondere als Konsequenz des auf den Sprachunterricht angewandten Konstruktivismus, vgl. Dieter Wolff: „Der Konstruktivismus: ein neues Paradigma in der Fremdsprachendidaktik?" *DNS* 5.1994, S. 416-419.

Später, in derselben Stunde, wird eine Übung aus dem Buch behandelt.

P OK. There are three.

T No, Mickey, look! These are the biscuits.

P OK. There are seven.

T OK. Look here. We say, how many packets, Donald, because we don't know how many biscuits, ja? That's why we say the packets, OK? + All right, the next one. OK, Mike and Tom. + Nein, nein, the next page.

P Nr. 6, gell?

T Yes, we have to do no. 6.

P What about biscuits?

T No, no, no. 7, I'm sorry.

P There are thirty. OK, there are thirty.

T There are thirteen! There are thirteen what? Fruit pies.

P There are thirteen fruit pies.

T Ah, OK, good. And no. 8. Peter and Frank. Frank stop playing with Carol.

PP Oh, ah!

T Frank! Frank, he's just jealous, he's just jealous.

P Der ist ja nur neidisch.

T Come now, Peter and Frank. OK.

Zum Vergleich ein Auszug aus einer Hauptschulklasse. Die Lehrerin ist meines Wissens[115] gleichfalls *native speaker* (Britin).

T Leave the windows for a moment. Leave them. Leave them open for a moment. + Open the windows once again, please. OK? + Good morning, boys and girls!

PP Good morning, Miss X!

T Sit down, please, and take out your homework first. It's exercise three, isn't it?

PP Four.

T Exercise four. Oh, well, I see. OK? Did anyone take note of the time? Did anyone write down how long he took? You did? And how long did you take?

P Fünf Minuten.

T In English!

P Five minutes.

T Five minutes, very good! And you, Charlie?

P1 Four minutes.

P2 Eight minutes.

---

[115] Ich kenne sie nicht persönlich. Sie trägt einen englischen Namen, könnte also eine Deutsche sein, die einen Engländer geheiratet hat. Dem steht entgegen, dass sie sich mit "Miss X." anreden lässt. In beiden Fällen kann man überdurchschnittliche Beherrschung des Englischen annehmen.

T	Eight minutes, aha! I'm a little bit surprised, because here in my book it says about twelve minutes. Are you sure you did it correctly, eh? You did it in five minutes? Well, OK, well OK. Perhaps my last class was a bit slow, eh? OK, now shut the windows, please. Well, no. 2, let's begin with no. 2. Hm, Peter?
P	Paul draws pictures.
T	That's right, yes. Has anybody got anything else?
P	Paul draws peoples.
T	People.
P	People.
T	Hm, good, yes, OK. No. thr… Have you got anything else? No. 3, Nancy.
P	(*unverständlich*)
T	I'm sorry.
P	Tom collects stamps.
T	Sonja.
P	Tom collect stamps.
T	Stamps is OK, but Nelly.
P	Tom collects stamps.
T	Right, yes. You forgot the *s*, you forgot the *s*. Hm, OK. No. 4, Ben.
P	Ich war krank.
T	Du woarsch krank. OK, holst du's nach?
P	Hm.
T	Yes, OK, Sarah.
P	Dave plays guitar.
T	The guitar. Bei Instrumenten sagt man immer den Artikel vornedran. Play the guitar (*klatscht in die Hände*), play the piano, play the accordion, play the organ, play the flute, play the recorder, und so weiter, ja? Have you got it, everybody?
PP	Yes.
T	Jolly good. OK, he plays the guitar. Annie.
P	Mr Green makes /mʌdlz/. [models]
T	Muddle is Matsch oder ein Durcheinander, besser gesagt. Mud, mud ist der Matsch, muddle ist ein Durcheinander. It's always a muddle. Also aufpassen, gell? Ah, Sandy, no. 6.
P	Jane paint horses.
T	*Jane* is a she!
P	Jane paint*s* horse*s*.
T	Good. Have you got an *s* in your book? Kate, what is your text saying in your homework book?
P	(*unverständlich*)
T	Sorry?
P	Ich hab mein Heft vergessen.

T   Ah so, aha. Du hast's aber gemacht? Hand aufs Herz? Good! Jenny, no.7.
P   Mr White repairs clocks.
T   Good. No. 8, Geoff. Ah, ja, hm, hm, hm. No. 8, Lynn.
P   Mrs White take photos.
T   Mrs White is a she!
P   Mrs White takes photos.
T   That's right.

...

     Has anybody got a question? Ja?
P   Bei Nr. 7, Mr White, heißt's da *repairs*?
T   Yes, yes, Sabrina.
P   Bei Nr. 7, kann man da auch nehmen "Mr White repair the watches?"
T   Es muss auf jeden Fall *repairs* heißen. *Watches*, warum geht *watches* nicht?
P   Watches sind Armbanduhren.
T   Eine watch ist eine Armbanduhr. Ja, eh, Joe?
P   Ich habe bei Nr. 2 "Paul drews pictures".
T   Draws pictures. Äh, wir hatten vorhin zwei Antworten, ich weiß nicht mehr, was…
P   Draws pictures.
T   Gell, das war eine. Ja, ja, das ist in Ordnung. Draws people oder draws pictures. It's OK, it's OK.

...

P   Bei 2 habe ich "Paul draws peoples".
T   People ist schon Mehrzahl. Wir sagen auch nicht, „er, er malt Leuten", sondern wir sagen Leute, weil Leute, von Leuten reden wir nur, wenn's mehrere sind. Wir sagen auch nicht „ein Leut", ich habe einen Leut gesehen, oder?
PP (*Gelächter*).
T   Und genau so ist es im Englischen. People heißt Leute, ist also schon Mehrzahl. OK? Good. + Well, we mustn't forget the *s*; and yesterday we learnt a little sentence that I would like you …
P   *He, she, it*, das *s* muss mit.
T   Jawohl, right.

...

T   Wir müssen noch eine Sache klären. Wir hatten gestern schon ein Wort an der Tafel, das war *go*. Man sagt "I go, you go", aber bei *he, she, it* da sagt man …
P   Goes.
T   Aha, kannst du das anschreiben, mein Sohn? Gut, prima, jawohl, da muss man ein *-es* anhängen, das hat mit der Aussprache zu tun, ja? Es ist keine logische Sache, es gibt keine Regeln dafür, ist halt so, nich? Ist halt so. Warum schreibt der Deutsche bei manchen Wörtern *tz*, nich? Is halt so. Ok. Es gibt aber, wie schon bei der Mehrzahl auch bei den Verben natürlich Wörter, die

hören so auf, dass man das *s* nicht richtig hören würde. Hm, fällt euch eines ein? Was für Verben kennen wir, wenn wir da jetzt ein *s* dranhängen, dann hört man's fast nicht? Hm? Weil sie schon mit einem *s* aufhören, oder mit einem anderen Laut, der dem *s* sehr ähnlich ist?

P   Horse.

T   *Horse* ist kein Verb, that's not a verb. Hm? Ich denk da zum Beispiel an watch, watch TV ...

...

T   Have you got it now? OK. Simon uses his own camera when he wants to take a photo, and Susan uses her mother's camera when she wants to take a photo, ahem. + Jetzt habe ich den Satz mit Simon angefangen und trotzdem *uses* gesagt. Tracy, was haltsch du davoa? Wird scho recht si, wenn's di gmacht hät, hm?

PP   (*Gelächter*)

T   Kannst du dir eine Erklärung denken? Ich hab zwei Sätze gesagt: Simon uses his own camera. Susan uses her mother's camera. Beidesmal hab ich trotzdem ein *s* ans Verb gehängt. Ei verbitsch nochmal! Ah, Joe.

P   –

T   I can't hear you. Speak up, please, speak up. I can't hear you, speak up.

P   Ach so, ich hab mich nur gestreckt, ich hab nicht gestreckt.

T   Ach so, du hast dich gestreckt. + Aha, Kim.

P   Für Simon kann man ja auch mit *he* machen.

T   Gut, und aus der Susan?

P   Kann man *she* machen.

T   So ist das, hm. OK, have you got it now?

P   Wir haben unsere Hefte noch nicht.

T   Ihr habt eure Hefte noch nicht? Wo, wo soll ich sie haben?

PP   Gestern haben Sie die Hefte eingesammelt, die Englischhefte.

T   Englischhefte?

PP   Was?

T   Aber natürlich, ich hab die Englischtests eingesammelt. Habt ihr das Exercisebook abgegeben, ihr zwei Kriecher?

PP   Ooh! (*Gelächter*)

T   Und die Testhefte, wo sind die?

P   Im Schrank.

T   Sargnägel, sag ich!

PP   (*Gelächter*).

T   Oh, Gregor. Ein Bleistift wurde auch noch abgegeben. Vielleicht auch von Herrn Scott oder Gregor. Mal gucken. Wer will hier noch ein'n Bleistift? Felix! Ist das Deiner?

P   Ja.

T   Dann komm und hol ihn dir, den braucht man nicht im Englischheft. OK, now stop talking. ...

In beiden Beispielen fällt auf, dass sich zahlreiche Teile des Unterrichts auf Deutsch abspielen. Angesichts der Tatsache, dass es sich in beiden Stunden um unterrichtende *native speakers* handelt, entfällt als Ursache dafür ein theoretisch denkbares sprachliches Unvermögen.

Die Auszüge mussten etwas umfangreicher sein, denn ohne den jeweiligen Zusammenhang wäre die verwendete Unterrichtssprache nicht zu beurteilen.

Fragen
1. In welchen Phasen tritt das Deutsche auf?
2. Wodurch ist das im Einzelfall mutmaßlich begründet?
3. Gibt es in einzelnen Fällen, in Anbetracht der noch nicht sehr fortgeschrittenen Englischkenntnisse der Schüler, Schwierigkeiten, das Deutsche durch Englisch zu ersetzen?
4. In welchen Fällen ist die Verwendung des Deutschen vertretbar?
5. Ist eine grundsätzlich andere Einstellung zur Verwendung des Deutschen in den beiden Stunden feststellbar?

Kommentar
Es erscheint zweckmäßig, die einzelnen Fragen für die beiden Unterrichtsbeispiele getrennt zu behandeln, weil im Falle der Amerikanerin (Lehrerin A) eine klare Linie verfolgt wird und daher die Antworten einfach zu formulieren sind, während bei der mutmaßlich englischen Lehrerin (Lehrerin B) die Verhältnisse etwas komplizierter, aber auch sehr aufschlussreich sind.

Lehrerin A, Realschule
1. Das Deutsche tritt ausschließlich bei Organisationsfragen auf. Die Klasse plant einen Ausflug. Dazwischen notwendige Äußerungen zur Disziplin werden ausschließlich auf Englisch gemacht, ebenso wie die Übungsphasen, der „eigentliche Unterrichtsgegenstand". Die organisatorischen Belange werden jedoch nicht nur auf Deutsch, sondern jedes Mal auch auf Englisch angesprochen.
2. Die Begründung liegt auf der Hand: Die Schüler befinden sich noch im ersten Englischlernjahr, und die Wahrscheinlichkeit ist groß, dass sie wichtige Vereinbarungen nicht verstehen würden, wenn sie ausschließlich in der Fremdsprache getroffen würden. Mit Hilfe des Deutschen ist das Verständnis sichergestellt, durch das Englische werden gleichzeitig Sprachlernchancen gegeben.
3. Damit ist auch die dritte Frage beantwortet.
4. Soweit ich sehe, ist die Verwendung des Deutschen in allen Fällen nicht nur vertretbar, sondern auch notwendig. Der geplante Ausflug ist ja nicht eigentlich

Sprachlernstoff und kann demzufolge nicht in einer didaktischen Progression aufbereitet und geboten werden.
5. Die Grundeinstellung der Lehrerin ist deutlich: Englisch soviel wie möglich, Deutsch soviel wie nötig.

Lehrerin B, Hauptschule
1. Das Deutsche tritt hier in verschiedenen Phasen auf:
zum ersten bei organisatorischen Angelegenheiten (Entschuldigung wegen Krankheit; wegen eines vergessenen Heftes; ein Schüler soll an der Tafel schreiben; ein Bleistift ist abgegeben worden);
zum zweiten bei Erklärungen sowohl zur Grammatik (Artikel bei Musikinstrumenten; *people* als *plurale tantum*; *-s* bei der 3. Person Singular im Präsens; Schreibung von *goes*; Aussprache von *uses*) als auch zum Wortschatz (*muddle, watch;* bei *muddle* entsteht ein Kuddelmuddel wegen des missverstandenen *model* [ein Indiz dafür, dass die Lehrerin nicht Amerikanerin ist] und der anfänglichen Verwechslung von *muddle* und *mud*);
zum dritten auch im Affekt (Ärger: „ei verbitsch", „Sargnägel"; Verwunderung: die Hefte fehlen; emotionale Anteilnahme bei Belangen der Schüler: Krankheit, vergessenes Schulheft).

2. Als Erklärung für die Verwendung des Deutschen bieten sich zwei Dinge an.
   a. Die Lehrerin geht davon aus, dass sich Grammatik grundsätzlich nicht auf Englisch erklären lässt. Ähnliches gilt für Worterklärungen, zum mindesten, wenn sie nicht geplant sind (*muddle*).
   b. Sie strebt eine mitmenschliche Beziehung zur Klasse an, indem sie buchstäblich deren Sprache spricht.

3. Wenn Grammatik immer auf Deutsch behandelt worden ist, wäre das Umsteigen auf Englisch eine Erschwerung, die die Hauptschüler nicht ohne weiteres verkraften würden.

4. Das Deutsche ist beim Sprachvergleich durchaus vertretbar (*people* – Leute; außerdem der Hinweis auf Fälle von Willkür auch in der deutschen Rechtschreibung (*tz*) anlässlich der Schreibweise von *goes*). Verständlich, wenn vielleicht auch nicht vertretbar (vgl. 3.4), ist der Umstand, dass die Lehrerin in bestimmten Fällen (s.o.) die Schüler nicht einfach auf Deutsch anspricht, sondern auch ihre emotionale Seite berührt, einmal durch Ausdrücke wie „Hand aufs Herz; Kriecher; Sargnägel", unter denen die Letzteren offenbar nicht so schlimm gemeint sind, wie sie sich im Schriftbild ausnehmen, und dann durch die Verwendung des Dialektes der Schüler. Dadurch wird ohne Zweifel eine affektive Komponente ins Gespräch gebracht, die eine warme Atmosphäre schafft und selbst Tadel abmildert. Der Erfolg ist spürbar. Die Frage ist nur, ob sich das nicht auch durch engli-

sche Worte erreichen ließe, wie man sie bei einem *native speaker* als disponibel voraussetzen könnte. Hier liegt eine Scheu vor eventuellem Nichtverstehen des Englischen durch die Schüler vor, wie sie sich auch bei den Erklärungen zeigt. Die Möglichkeiten des Englischen werden unterschätzt.

5. Im Großen und Ganzen lässt sich feststellen, dass die Lehrerin das Deutsche recht locker verwendet, vielleicht teilweise unreflektiert.

5 Stimulustechniken

5.1 Aufforderungen

Wenn wir auch die Auffassung vertreten, dass dem rezeptiven Lernen mehr Raum gegeben werden muss, so bleibt es dennoch eine Aufgabe der Lehrer, die Schüler zu Handlungen aufzufordern, *to get them to do things*. Dies ist gerade im Anfangsunterricht von überragender Bedeutung, um die Schüler aus ihrer passiven Rolle zu erlösen. Um nicht missverstanden zu werden: Rezeptives Lernen ist eine Aktivität, aber keine sichtbare und keine, die dem Bewegungsdrang des jungen Menschen Rechnung trägt. Aber bereits in den ersten Englischstunden können die Schüler durch Handlungen zeigen, dass sie die Sprache des englisch sprechenden Lehrers verstanden haben. Der Lehrer gibt Anweisungen auf Englisch, die Schüler führen sie aus. "Get up – sit down, put your right hand up / down – put your left hand up / down – come to the board – go to the window – open / shut the window – give me your pencil, etc." Das sind bekannte und altbewährte Muster.[116]

Solche Anweisungen sind ein typisches Beispiel dafür, wie durch wiederholte Sprachmuster im unmittelbaren Zusammenhang mit dem Geschehen jetzt und hier sich die Schüler an die Fremdsprache gewöhnen können, ohne dass sie sich das Gehörte erst einmal übersetzen müssen. Das Verfahren birgt aber zwei Gefahren in sich, die in seiner Fortsetzung über den Bedarf hinaus bestehen. Dies kann zum einen bis zur Lächerlichkeit, zum anderen zu einer Verzerrung der Sprache des gesellschaftlichen Umgangs führen.

Über eine Reihe von unseren Hochschulabsolventen, die in England eine Einstellung fanden, erhielten wir die Rückmeldung, dass sie eigentlich alle auf Grund ihrer soliden Ausbildung recht erfolgreichen Unterricht hielten, aber in einem Punkt selbst bei den bravsten Schülern nicht so ankamen, wie sie erwartet hatten. Sie gaben Anweisungen etwa in der Art: "Mary, please get up, come to the board, take a piece of chalk and write ..." Zum nächsten Schüler sagten sie: "John, please get up, come to the board, take a piece of chalk and write ..." Spätestens beim dritten Mal konnten die Schüler ein Lachen nicht mehr unterdrücken.

Nun ist es natürlich ein Unterschied, ob ich *native speakers* so behandle oder Sprachlerner. Die Letzteren finden so schnell nichts lächerlich, es ist eben englisch. Trotzdem ist hier Vorsicht geboten. Allzu häufige Wiederholungen bringen vermutlich kaum noch einen Lerneffekt und sind außerdem recht unnatürlich. Daher ist es nicht nur legitim, sondern auch empfehlenswert, nach dem ersten oder zweiten Mal die Anweisungen zu verkürzen, etwa so: "Now you, John." – "Chris?" – "Barbara"

---

[116] Zu der Bewegung kann noch Singen kommen, z. B. "hokey-cokey", vgl. S. 87 (mit Anm.).

etc. Übungsreihen können auf sprachliche Aufforderungen gänzlich verzichten und auf Gesten als *cues* beschränkt werden, wie man es auch aus Sprachlaborübungen kennt, wo oft nur ein Glockenzeichen genügt, um den Drill fortzusetzen. Auf Seite 25 haben wir dafür ein Beispiel.

Da also die Lehrersprache in Drillübungen stark reduziert ist, brauchen wir uns damit nicht weiter zu befassen.

Die andere Gefahr besteht darin, dass man als Lehrer auch bei fortgeschrittenem Kenntnisstand der Schüler die oben genannte Art der Aufforderung beibehält und die einfachste syntaktische Form benutzt, – der Ausdruck macht deutlich, worum es geht –, die Befehlsform, *the imperative*. Das ist auf die Dauer aber nicht „die feine englische Art".

> There is no question for me [Graham Cass] that it is the overuse of imperatives more than any other feature that disturbs the cooperative atmosphere many teachers attempt to create.[117]

Man sollte bedenken, dass bei der Unterrichtsorganisation, wo diese Imperative vermehrt auftreten, das Englisch für den Schüler von besonderem Wert ist.

> Moments when the English used is firmly embedded in the immediate context and has real consequences are precious. In the exchanges in which activity in the classroom is organized we are not preparing for some later use of the language, but using English here and now. This may for many pupils be the first taste of what they say in English mattering in the way they observe what they say in German does.[118]

Das heißt, dass für die Schüler diese Sprache relevant ist. Darum werden sie sie übernehmen, obwohl Imperative von Jugendlichen gegenüber Erwachsenen nicht anwendbar sind. Auch unter Erwachsenen ist dies außerhalb der Schule nicht üblich.

Glyn Hughes hat finnische Lehrer beobachtet und glaubt, sicherlich zu Recht, nicht, dass finnische Lehrer *exceptionally imperious* seien, stellt aber doch fest:

> Foreign learners of English are being given a distorted model in that the teacher's use of the suasive function of language neither corresponds with usage in a similar native-speaker situation nor with actual genuine use in social interaction. Where then is the learner to acquire these all-important language functions and the rules for their appropriate use if the teacher fails to use them? And what is the typical native-speaker reaction when the foreigner makes the incorrect choice? – 'rude', 'direct', 'bossy'? It is one of the ironies of language teaching that polite requests are taught as part of the syllabus (**could you ..., would you mind ... -ing ...**) but are never in fact used by the teacher.[119]

---

[117] Graham Cass: "'Repeat, please!'" *Englisch* 2.1987, S. 63.
[118] Graham Cass: "'Repeat, please!'" *Englisch* 2.1987, S. 62.
[119] *A Handbook of Classroom English.* Oxford 1981, S. 14.

Sinclair/Brazil gehen von britischen Lehrern aus, und so ist zu verstehen, dass sie zu einer anderen Beurteilung der Lehrersprache gelangen.

> The teacher is in a position of authority and exercises it overtly. However, except in urgent matters of discipline, teachers rarely use imperatives, although they give plenty of directives. If they want a pupil to do something, they begin with a structure where the imperative is in syntactic disguise.[120]

Es ist auf alle Fälle erstrebenswert, Anweisungen *in syntactic disguise* zu geben. Sinclair/Brazil zeigen acht verschiedene Typen von indirekten Befehlen auf, und Hughes wendet nicht weniger als drei Seiten für *requests* und dreieinhalb Seiten für *suggesting and persuading* auf. Man kann also seine Anweisungen wie höfliche Bitten oder Vorschläge formulieren.

Aus der Fülle der bei Sinclair/Brazil und Hughes vorgeschlagenen Wendungen möchte ich nur einige herausgreifen (anders gruppiert, z. T. leicht abgewandelt und mit eigenen Zusätzen).

1. Fragen:

> Can you clean the board?
> Will you finish this off?
> Would you do exercise 10 on page 23?

2. Wendungen mit vorangestelltem *Let's*:

> Let's finish this off next time.
> Let's not listen to it again.

3. Zusätze, z. B. nachgestellte *tags*:

> Let's call it a day, shall we?
> Open the door, will you?
> Give me a hand, would you?
> This paper should be revised, don't you think?

Hierher gehört auch *I'm afraid*, das sich besonders zur Abmilderung von unangenehmen Aussagen oder Befehlen eignet und typisch englisch zu sein scheint. Man wird es in Unterhaltungen zwischen *native speakers* immer wieder hören, aber viel zu selten im englischen Sprachunterricht. Eine bedauerliche Wahrheit, fürchte ich.

> You will have to write this again, I'm afraid.
> I'm afraid I can't follow you there.

Der Zusatz *please* allein ist zur Abmilderung oft nicht ausreichend. Nicht von ungefähr macht Cass darauf aufmerksam, dass auf die Aufforderung, *Come here please,* ein englischer Schüler so reagieren würde: *But I haven't done anything!*[121]

---

[120] Sinclair/Brazil: *Teacher Talk*. Oxford 1982, S. 78.
[121] "'Repeat, please!'" *Englisch* 2.1987, S. 63.

Der Zusatz *just* wiederum lässt selbst einen direkten Befehl als eine geringfügige Aufgabe erscheinen: *Just pass me the book.*

4. Spezielle Verben.

Suggest bietet sich seiner Bedeutung wegen zuallererst an, wobei es hier einige grammatische Besonderheiten gibt:

> I suggest reading the text first.
> May I suggest (that) you close your books now.
> My suggestion is for you to note this down.
> I would suggest you copied this out again.
> I would suggest you went to the caretaker with this (*past tense* nur nach <u>would suggest</u>).

Want ist durchaus verwendbar, und zwar in der Form

> I want you to (prepare down to page 35).
> Do you want to try the next one?

[aber nicht so: "*We want to do the next exercise, too". Das ist linguistisch korrekt, aber nicht pragmatisch (s.o., unter 3.2, S. 39).]

Ebenso möglich sind:

> I would like you / prefer you not to use a dictionary now.

Besonders höfliche Formen sind:

> I wonder if you could say it in your own words.
> Do you think you could write this out at home?
>
> What if we leave this exercise until next time?
> What if you change(d) the word order?
> Why not leave the adverb until the end?
> Why don't we sit in a circle?
>
> Would you be so kind as to stop talking.
> Would you be kind enough to lend me your copy.
> Please refrain from fidgeting.

Die letzten drei könnten allerdings leicht in Ironie abgleiten.

Wer sich nicht scheut, seine Ungeduld oder seine Frustration zu zeigen, kann auch sagen:

> I wish you would listen!
> If only you would try!
> Can't you even try?

Damit sind noch längst nicht alle Möglichkeiten erschöpft. Die Fülle ist erstaunlich. Davon wenigstens teilweise Gebrauch zu machen, trägt wieder dazu bei, dass der Unterricht weniger monoton wird. Und dann sind eben sind solche Wendungen in der Welt außerhalb der Schule für das soziale Leben unverzichtbar.

Wichtig ist noch, den Schülern klar zu machen, wie sie zu reagieren haben. Dass sie die „syntaktisch verkleideten" Befehle ebenso wie unverhohlene ausführen müssen, wird ihnen ohne Erläuterung bewusst sein. Trotzdem kann es gelegentlich erforderlich werden, einem verhaltenen *I want you all to sit down* ein direktes *Sit down now* folgen zu lassen.[122]

Es muss den Schülern außerdem klar sein, dass sie *Can you say it again?* nicht mit *No!* beantworten können. Sie müssen wissen, *Why don't you write it all down?* erwartet keine Begründung für eine Unterlassung, sondern eher eine kurze Antwort wie *Yes, of course* oder *mhm*; auf jeden Fall aber, dass der Vorschlag befolgt wird.

Anwendung
Es wäre interessant zu prüfen,

– wie oft in den hier abgedruckten Unterrichtsausschnitten Imperative und weniger direkte Aufforderungen gebraucht werden und
– in welchem Verhältnis sie zueinander stehen.

In Frage kommen die Unterrichtsausschnitte auf Seite 20, 31f., 49, 61, 68ff. und 105.

Kommentar
Bei der Überprüfung der Beispiele aus der Unterrichtspraxis zeigt sich, dass nicht jede Unterrichtsphase irgendeine Form des Befehlens enthält.

Protokoll Seite 20 (7. Kl. Realschule). Das übliche Frage-Antwort-Spiel bei der Verständniskontrolle gibt keinen Anlass zu Aufforderungen, außer bei der eingestreuten Aufforderung zum Lesen. Das geschieht hier zweimal, zwar fehlerhaft, ist aber als Versuch zu werten, den Befehl syntaktisch zu verkleiden. *Come on* ist syntaktisch der Imperativ, sinngemäß aber nur eine aufmunternde Bemerkung.

Protokoll Seite 61f. Besonders aufschlussreich sind die beiden Ausschnitte aus einer 5. Realschul-Klasse. Im ersten Fall geht es um die Organisation eines Ausflugs. Dabei wird nichts in der Befehlsform ausgesprochen, obwohl es fünf Aufforderungen gibt. Beim planmäßigen Unterrichtsstoff erscheint jedoch der Imperativ viermal, darunter einmal als disziplinarische Maßnahme. Die Lehrerin vermeidet im sozialen Umgang mit den Schülern jede Befehlsform, sieht sich aber im Unterricht mehrfach dazu genötigt.

Protokoll Seite 31 (9. Kl. Realschule). Hier überwiegen die direkten Befehle deutlich, obwohl sich die Lehrerin zu Beginn bemüht, ihre Aufforderungen in eine höfliche Form zu kleiden: *"Will you please begin? ... I want you first to read."* Als höfliche Form sollte man wohl auch die linguistisch fehlerhafte Aufforderung zählen *"Who begins?"*.

---
[122] Sinclair/Brazil: *Teacher Talk*. Oxford 1982, S. 79.

Umgekehrt wird man wohl zu den direkten Befehlen nicht nur *say, ask, go on, read* (gleich zweimal hintereinander: ein besonders schroffer Befehl, der Ungeduld verrät) und *tell*, sondern auch die beiden Aufforderungen mit *should* rechnen.

Protokoll Seite 68ff. (Hauptschule). Der Unterricht beginnt hier gleich mit einer Serie von Befehlen (*leave, open, sit down, take out*). Während des Unterrichtsgesprächs halten sich *I would like you ...* und *speak up* (durch zweimalige Wiederholung verstärkt) etwa die Waage, und der Befehl *stop talking* am Ende gehört in die Rubrik Disziplin.

Protokoll Seite 105 (12. Kl. Gymnasium). Während dieses Unterrichtsgesprächs beschränken sich Befehle typischerweise auf das gesprächsfremde *Make a complete sentence*. Hinzu kommt noch *in English please*, was einem Befehl gleichkommt. Die restlichen zwei Aufforderungen, *Can you repeat?*, sind abgemildert (bei *plane change* auf die sprachbezogene Ebene, wie zuvor).

Die übrigen Unterrichtsausschnitte enthalten fast keine Aufforderung, außer dem Ausschnitt auf Seite 49, der trotz seiner Kürze nicht weniger als drei direkte Befehle enthält, von denen zwei mit *please* verbunden werden, was offensichtlich keine abschwächende Wirkung hat. Die Verärgerung des Lehrers ist bereits an der Art der Aufforderung kenntlich.

So lässt sich nach der Durchsicht der in dieser Hinsicht zufällig zusammengestellten Protokolle ein Überwiegen der direkten Befehle konstatieren, doch werden sie wenigstens zum Teil mit höflicheren Formen aufgewogen. Wenn man die durch Gesten angedeuteten Aufforderungen in Drillphasen und die Befehle im Zusammenhang mit Disziplinarmaßnahmen nicht rechnet, bestätigen diese Protokolle nicht das krasse Missverhältnis, wie es Graham Cass moniert hat.

5.2 Fragen

Wir haben gerade gesehen, dass Befehle wohl zu Handlungen, aber nicht unbedingt zu Sprechhandlungen führen. Um das zu erreichen, bieten sich Fragen als das geeignetere Mittel an. Auf Lehreräußerungen in Form von Behauptungen, selbst wenn sie provokativ sind, reagieren Schüler eher durch abwartendes Schweigen. Wem es gelingt, Fragen zu „elizitieren", also die Schüler dazu zu bringen, dass sie Fragen stellen, dem ist herzlich zu gratulieren. Durch einiges Training ließe sich da sicherlich etwas machen, aber als Anstoß zum Sprechen sind Fragen doch deutlicher. So besteht nach Heuer/Klippel etwa ein Viertel aller Lehreräußerungen aus Fragen.[123]

---

[123] Helmut Heuer/Friederike Klippel: *Englischmethodik. Problemfelder, Unterrichtswirklichkeit und Handlungsempfehlungen*. Berlin: Cornelsen-Velhagen & Klasing 1987, S. 134.

Nun können auch Fragen unterschiedliche Reaktionen auslösen, von ratlosem Schweigen bis hin zu längeren zusammenhängenden Äußerungen. Der Unterschied in der Ergiebigkeit von Fragen kann sowohl in der Sache als solcher als auch in der augenblicklichen Situation in der Klasse begründet sein. In der Regel aber ist es die Form der Fragestellung selbst, die bescheidene oder ergiebige Antworten bei den Schülern auslöst.

5.2.1 *Junky* und *silly questions*

Um hier Klarheit zu schaffen, werden die Arten von Fragen zunächst einmal typisiert. O'Neill nennt eine Reihe von Fragen *junky questions*, die schlicht fehlerhaft sind und die meistens bei Gesprächen der Schüler untereinander auftreten. "What did you yesterday? Please, where your mother and father are born?"[124] Für Lehrerfragen scheiden sie natürlich aus (mit wenigen Ausnahmen).

Nicht viel brauchbarer, obwohl grammatisch in Ordnung, sind *silly questions*, wie sie ausschließlich in der Schule gestellt werden und dort zum Glück nicht von allen Lehrern. Ich meine nicht spaßige Fragen, die zur Auflockerung sicherlich legitim sind: "Do cats play football?" Ich meine Fragen wie

> What colour is coal?
> Is this my finger or your finger?
> How many ears have you?

Bei der letzten Frage habe ich tatsächlich einmal erlebt, dass ein Junge antwortete: "I have ten ears!" Er hätte einen Preis verdient, denn die zunächst verblüffte Lehrerin merkte dann doch wohl, dass solche Fragen nicht sinnvoll sein können und außerhalb des Sprachunterrichts überhaupt nicht vorstellbar sind.

Hier werden Wertvorstellungen der Lehrer berührt. Dazu hat Walmesley einen aufschlussreichen Beitrag geliefert, der aufzeigt, dass manchmal Werte wie *pupil participation* und *surface structure accuracy* über Sinn und gesellschaftliche Norm gesetzt werden.[125]

5.2.2 Form, Inhalt und Zweck

Weiter bringt uns die Kategorisierung von Geoff Thompson, der Fragen (a) nach der Form einteilt, (b) nach dem Inhalt und (c) nach dem Zweck.[126]

---

[124] "The plausible myth of learner-centredness: or the importance of doing ordinary things well." *ELTJ* 45/4.1991, S. 303.
[125] J. B. Walmesley: "Teacher Value Systems". *TESOL Quarterly* 16.1.1982, S. 79-89.
[126] Geoff Thompson: "Training teachers to ask questions". *ELTJ* 51/2.1997, S. 99-105.

(a) Der grammatischen Form nach kann man *yes-/no*-Fragen stellen (auch *nexus*-Fragen genannt[127]) oder solche, die mit einem Interrogativpronomen beginnen (*wh*-questions), zu denen logischerweise auch Fragen mit *how* gehören. *Yes-/no*-Fragen kann man allgemein als unergiebig bezeichnen, da sie vom Schüler nur eine Kurzantwort verlangen. Thompson weist aber darauf hin, dass sie auch von schwächeren Schülern leichter zu beantworten seien. Wichtig sei aber, mit *wh*-Fragen nachzuhaken, um dann doch eine längere Äußerung zu veranlassen (101). Er nennt dies die „Handelsvertreter-Technik". Eine *yes-/no*-Frage erleichtere es den Angesprochenen, auch wenn sie schüchtern sind, ihren Teil an der Interaktion zu akzeptieren. Wenn sie sich erst einmal so weit in das Gespräch haben hineinziehen lassen, sei es für sie einfacher, das Gespräch fortzusetzen und die nachfolgende Frage zu beantworten, die dann eine längere Formulierung verlange.

O'Neill gibt dafür Beispiele, die er *two-step questions* nennt:

> T: Do you like English food?
> P: No.
> T: Oh? Why?
>
> T: Do you ever get angry?
> P: Yes.
> T: When was the last time you got angry? And why did you get angry?[128]

Dass man *yes-/no*-Fragen auch benutzen könne, um sich zu vergewissern, ob ein Text verstanden worden sei, halte ich für fragwürdig. "Did you understand?" ergibt erfahrungsgemäß keine verlässliche Auskunft. "No" kann geantwortet werden, obwohl verstanden worden ist, weil sich so der Lehrer genötigt sieht, Erklärungen abzugeben, das Tonband noch einmal abzuspielen oder Ähnliches, während sich der Schüler zurücklehnt. "Yes" kann als Antwort erfolgen, wenn die Befragten der Meinung sind, sie hätten verstanden, auch wenn das nicht der Fall ist. Nach Tony Lynch gibt es Situationen, wo es den Mut eines Oliver Twist bräuchte, um "No, Miss" zu antworten.[129] In jedem Fall muss das Verständnis dann doch durch gezielte Fragen sichergestellt werden, was man ja auch von vornherein hätte tun können.

Wh-Fragen können fast ebenso unergiebig wie *yes-/no*-Fragen sein.

> When did it happen? – Yesterday.
> Where did you go? – To the cinema.
> What did you see? – Lucky Luke.

Einzig *how*- und *why*-Fragen können nicht mit Kurzantworten bedient werden.

---

[127] Vgl. Rod Ellis: *The Study of Second Language Acquisition*. Oxford: Oxford University Press 1994, S. 588.
[128] "The Myth of the Silent Teacher". *Praxis* 1998, S. 373.
[129] *Communication in the Language Classroom*. Oxford: OUP 1996, S.107f.

(b) Fragen zum Inhalt können sich auf äußere Fakten beziehen, etwa auf Einzelheiten in einem gelesenen oder gehörten Text. Es sind dies die üblichen Verständnisfragen. Darüber brauchen wir uns hier nicht weiter auszulassen.[130]

Was jedoch nicht allgemeine Praxis ist, sind Fragen, die über den Text hinausgehen. Erkundigungen darüber, was ein Text *nicht* sagt, können erstaunliche Ergebnisse zeitigen.[131] Auf jeden Fall können sie leichter zu einer kritischen Haltung und einer emanzipatorischen Entwicklung der Schüler beitragen. Beispielsweise könnte man einen Text, in dem Buffalo Bill als Held gepriesen wird, in der Weise hinterfragen: "What exactly was so heroic about Buffalo Bill?" Wenn dann der Text nicht mehr hergibt, als dass er von sicherem Ort aus massenweise Büffel abgeschossen hat, ist die Frage ein *eye opener*.

Inhaltliche Fragen können sich aber auch auf persönliche Belange und Meinungen beziehen. Sie können insgesamt nicht mit Kurzantworten bedacht werden und sind darüber hinaus geeignet, persönliche Beziehungen zwischen Lehrern und Schülern und den Schülern untereinander herzustellen und auszubauen. Fragen nach der Meinung sind typisch für Gespräche außerhalb der Schule und sollten deswegen schon hier gepflegt werden. Wir kommen auf diesen Punkt gleich wieder zurück.

(c) Bei der Zweckbestimmung einer Frage geht es Thompson darum, ob die Fragen den Schüler dazu bringen sollen, sein Wissen zu beweisen, oder ob sie der Kommunikation dienen sollen. Im ersten Falle spricht man von *Display*-Fragen. Die anfangs unter (b) genannten gehören alle dazu. Solange den Schülern bewusst ist, dass der fragende Lehrer die Antwort selbstverständlich weiß, ist ihnen auch klar, dass es hier nicht um Kommunikation geht, sondern um die traditionelle Instruktionstechnik.

5.2.3 *Display* und *referential questions*

Andere Autoren teilen die Fragen grundsätzlich in zwei Kategorien ein, in *display* und *referential questions*. *Referential questions* sind dadurch definiert, dass sie nicht Wissen abfragen, sondern Meinungen einholen oder sich nach persönlichen Fakten erkundigen, auch nach Dingen fragen, die dem Lehrer selbst nicht bekannt sind. Der letzte Fall ist natürlich nicht von dem zu trennen, wo der Lehrer Uninformiertheit nur vorspielt. Dies geschieht bisweilen deswegen, weil es für die Schüler sinnvoller erscheinen muss, jemandem auf eine Frage eine Auskunft zu geben, die der andere

---

[130] Nützliche Hinweise für die Arbeit mit Texten geben Helmut Raue („Die offene Phase im Fremdsprachenunterricht". *Praxis* 1980, S. 155-122) und Jens-Peter Green/Anthony M. Ruel („Zur Frage- und Impulstechnik in der offenen Phase". *Praxis* 1981, S. 79-83), die außerdem Wert auf Schülerorientierung legen. Raue erklärt den grundsätzlichen Ansatz mit Beispielen aus dem Französischunterricht, Green/Ruel schlagen Redewendungen zur Textarbeit im Englischunterricht vor.

[131] Diese Anregung verdanke ich Hans-Eberhard Piepho, der diesen Ansatz ausführlich beschreibt in *Kommunikative Kompetenz als übergeordnetes Lernziel im Englischunterricht*. Dornburg-Frickhofen: Frankonius 1974, unter 3.2.1., „Reden über Texte".

nicht hat. *Display questions*, die also nach Dingen fragen, die man kennt, ist eine rein schulische Angelegenheit und wäre außerhalb der Schule eine Provokation.

Zu den *display*-Fragen ist noch eine ganz spezifisch schulische Sonderform entwickelt worden, das sogenannte **giving way**. Ein typisches Beispiel ist bei Richard Cullen abgedruckt:

> T: We say that A Tale of Two Cities is a ...?
> Ss: Novel.
> T: A novel. And the writer of A Tale of Two Cities is a?
> Ss: Novelist.
> T: A novelist.[132]

Cullen gibt den Lehrerstimulus mit einem Fragezeichen wieder, weil die Äußerung die Funktion einer Frage hat, obwohl sie formal deklarativ ist. Der Lehrer übergibt die Beendigung seines Satzes dem Schüler (*giving way*). Dieses Phänomen findet sich wahrscheinlich weltweit (Cullens Beispiel wurde in Ägypten aufgezeichnet) und in allen Schulfächern. Es ist dies sicherlich ein bequemer Weg, aus den Schülern ganz bestimmte Wörter herauszulocken. Wie man diese Taktik in den Sachfächern beurteilt, bleibe dahingestellt. Im Sprachunterricht gibt sie den Schülern erstens schon nicht die normale Frageform vor ("<u>What</u> do we call someone who ...?"), mit der sie bekanntlich längere Zeit ihre Schwierigkeiten haben und die sie darum gar nicht oft genug hören können. Der Lehrer erfüllt hier seine Vorbildrolle nicht. Zweitens sollte man doch wohl, wenn man Kommunikation zum Ziel hat, solche Redemittel verwenden, die die Schüler vom Lehrer übernehmen können. *Giving way* ist aber als Technik der Schüler in der Schule schon nicht denkbar und außerhalb der Schule sowieso nicht.

Damit wird auch deutlich, warum die Unterscheidung zwischen *display* und *referential questions* für einen kommunikativen Unterricht besonders relevant ist. Einzig die *referential questions* sind „echte" Fragen, Fragen die in einer außerschulischen Kommunikation das Normale sind. *Display*-Fragen sind für den Schüler deutliche Signale dafür, dass man sich gegenseitig nichts mitzuteilen hat und nur um der Sprache willen spricht. Das hat in deklarierten Übungsphasen seine Berechtigung, kann aber auf die Dauer nicht motivierend sein und ist sicherlich kein pädagogischer Schritt in Richtung auf ein natürliches Gespräch.

Auf der praktischen Seite haben Untersuchungen ergeben, dass in Klassen, wo die Lehrer angehalten waren, mehr *referential questions* zu stellen, die Schüler längere und syntaktisch komplexer strukturierte Antworten gaben.[133]

---

[132] Richard Cullen: "Teacher talk and the classroom context". *ELTJ* 52 / 3.1998, S. 183.
[133] David Nunan: *Language Teaching Methodology*. Hemel Hempstead: Prentice Hall 1991, S. 194, unter Hinweis auf Brock 1986 und Nunan 1987a.

5.2.4 Offene und geschlossene Fragen

Neben dieser grundlegenden Aufteilung in Fragen gegensätzlicher Zielrichtung ist auch die Unterscheidung von offenen und geschlossenen Fragen von Wichtigkeit. Dabei werden jetzt die Worte offen und geschlossen im engeren Sinne der linguistischen Kategorisierung von *open* und *closed* gebraucht. „Offene Fragen" sollen hier also nicht gleichbedeutend sein mit „ungelöste Probleme", sondern offen und geschlossen heißt hier, dass in dem einen Falle die Befragten aus einer so gut wie unbegrenzten Zahl von Möglichkeiten auswählen können, während im anderen Fall die Variationsbreite sehr beschränkt ist. Das lässt sich gut an einem Beispiel aus Nunans Didaktik illustrieren:

> Hello, Monica, how are you?
> Last Wednesday, you went to [name deleted], didn't you?
> What did you do on Wednesday?
> It was nice, was it?
> Did you look at the animals?
> What else?
> Zdravko, did you go?
> What animals did you see?
> Was it good?
> Can you draw it?
> Is it small or big?
> What did you do?[134]

"How are you?" ist wegen gesellschaftlicher Konventionen *closed*. Außer beim Arzt kann man hier nur antworten: "Thank you, I'm fine (and how are you?)". "You went to ..., didn't you?" ist wie übrigens alle *yes-/no*-Fragen geschlossen und lässt theoretisch gerade sechs Antwortmöglichkeiten offen (s.u., unter 6.1).

Nur drei von zwölf Fragen gehören nicht in die Kategorie *closed*, nämlich "What did you do?" (zweimal) und "What else?". "What else?" ist natürlich eine altbewährte Frage, um aus mehr Schülern mehr Worte herauszulocken. Jetzt sehen wir deutlich, warum. Insgesamt scheint die obige Fragenserie typisch für den traditionellen Englischunterricht zu sein und macht deutlich, warum Unterrichtsgespräche so oft enttäuschend verlaufen.

Hinzu kommt noch, dass Fragen wie diese auf einem simplen Niveau platziert sind. Das ist für Anfängerklassen auch angemessen. In Fortgeschrittenenklassen gilt es, die Zahl von *high-order questions* zu erhöhen. Nach Nunan und nach eigenen Beobachtungen sind jedoch solche Fragen allgemein faktischen oder *display*-Fragen zahlenmäßig unterlegen. Edmondson stellt außerdem fest, dass „Formfragen [*display*-Fragen der Grammatik halber] und geschlossene Fragen viel häufiger im

---

[134] David Nunan: *Language Teaching Methodology*. Hemel Hempstead: Prentice Hall 1991, S. 192.

Fremdsprachenunterricht verwendet werden als in außerunterrichtlichen Kontexten"[135].

Nunans Charakterisierung der *high-order questions* lässt als solche schon erkennen, dass sie wiederum klar in ein Konzept kommunikativen Unterrichts passen:

> High-order questions ... encourage students to reflect on their knowledge, attitudes and beliefs, or ... require them to follow through and justify a particular line of reasoning.[136]

Auf der praktischen Seite ist noch zu bemerken, dass solche Fragen auch unverändert an verschiedene Schüler hintereinander gerichtet werden können, weil man ja nicht davon ausgehen kann, dass viele Schüler die gleiche Meinung haben (auch wenn sie das der Bequemlichkeit halber manchmal behaupten). Diese altbewährte Technik ist bei Sach- und *display*-Fragen eine schlichte Übungstechnik, die mit Kommunikation wenig zu tun hat. Es muss allerdings zugestanden werden, dass schwache Lernende nur auf diese Weise überhaupt zum Sprechen zu bringen sind.

Wenn man bemerkt, dass solche Schüler – oder in bestimmten Situationen auch andere – an der Grenze ihres Ausdrucksvermögens angelangt sind, empfiehlt sich noch die Disjunktiv-Frage (oder *alternative question*)[137]:

> Did John wake up early or did he sleep until late in the morning?[138]

Der Befragte wird jetzt nicht mehr „überfragt", da er von den beiden Formulierungsvorschlägen nur noch den auszuwählen braucht, der seiner Meinung entspricht. Andererseits wird er immer noch zu einer höheren Leistung veranlasst als bei einfachem *yes/no*. Immerhin muss er in diesem Beispiel das *past tense* von *wake* bzw. *sleep* kennen.

5.2.5 Vage und konkrete Fragen

Referential questions sind als solche leider noch keine Garantie für Erfolg. Nicht nur Lehramtskandidaten müssen öfter einmal feststellen, dass sich auf ihre gut vorbereiteten Fragen kaum jemand meldet. Die Fragen sind eigentlich interessant und nicht einfach aus dem Ärmel geschüttelt, aber die Schüler beißen nicht an. Verlegenes Schweigen kann auch eintreten, wenn keine sprachliche Überforderung vorliegt.

---

[135] Willis Edmondson: „Konversationsanalyse und Lehrerverhalten im Fremdsprachenunterricht". In: Udo O. H. Jung (Hg.): *Praktische Handreichung für Fremdsprachenlehrer*. Frankfurt/M., Berlin: Peter Lang 1998, S. 103.
[136] David Nunan: *Language Teaching Methodology*. Hemel Hempstead: Prentice Hall 1991, S. 192.
[137] "that provides the responder with an alternative to select from." Rod Ellis: *The Study of Second Language Acquisition*. Oxford: Oxford University Press 1994, S. 588.
[138] Vgl. Herwig Wulf: „'Use a complete sentence' – Hilfe oder Hindernis im fremdsprachlichen Unterrichtsdialog?" *NM* 1994.1, S. 36.

Persönliche Fragen, die weiter oben gerade empfohlen wurden, können natürlich auch peinlich sein. Gerade Jugendliche empfinden persönliche Fragen öfters als Einmischung in ihre innersten Angelegenheiten. Da müssten sie schon Ausdrücke kennen wie, "That's none of your business", "No comment" oder wenigstens, "I'd rather not answer that question". Der erstgenannte Ausdruck klingt zwar etwas rüde, zumal aus dem Mund eines Minderjährigen, ist aber als Reaktion auf eine taktlose Frage vielleicht doch angemessen, und die Zeit bis zum Erwachsenenalter vergeht schnell. (Sollte man zuerst ein Englisch für Kinder, dann eins für Jugendliche und schließlich ein Englisch für Erwachsene lehren?) Jedenfalls wissen sie sich in der Regel nicht anders zu helfen als durch Schweigen, getreu nach dem Motto:

To save face keep lower half shut.[139]

Aber auch sachliche Fragen können Schweigen zur Folge haben. Dafür kann es viele Gründe geben.

– Die Schüler könnten einfach zu müde und daher zum Sprechen nicht aufgelegt sein. Dies wird häufig vermutet, wie sich aus Aufforderungen wie "Wake up! Are you still sleeping?" und Ähnlichem erschließen lässt. Wieweit das motiviert, bleibe dahingestellt.
– Die Schüler können tatsächlich ziemlich erschöpft sein, und zwar von der vorhergehenden Stunde, etwa nach einer Klassenarbeit in Mathematik. Da hilft vielleicht eine verlängerte Pause bei geöffneten Fenstern und gymnastischen Übungen. Das ist in den unteren Klassen ohnehin zu empfehlen, zumal dort die gymnastischen Übungen mit englischen Anweisungen für die Schüler etwas Neues sind. "We do the hokey-cokey" ist immer noch eine gute Sache, die Musik, Bewegung und Englisch miteinander verbindet und dabei auch noch Spaß macht.[140]
– Die Schüler könnten auch einfach unlustig sein, sei es, dass sie durch den vorhergehenden Unterricht die Lust am Englischen verloren haben, sei es, dass sie ganz allgemein schwer zu motivieren sind. Dagegen gibt es keine Rezepte, die für jede Klasse und jede Situation passen könnten.

---

[139] Roger Kilroy: *Graffiti: The Scrawl of the Wild and Other Tales from the Wall*. London: Guild Publishing 1985, S. 19.
[140] Hierzu Näheres in Elizabeth Pauncz' Aufsatz "How to Laugh in English – Ideas for Teaching Children". *ELTJ* 34/3.1980, S. 207-209. Dort finden sich Text und Noten zu "The Hokey Pokey". Leider scheint hier eine Verwechslung mit *hocus pocus* oder "ice-cream formerly sold by Italian street vendors" (COD) vorzuliegen. Vielmehr handelt es sich um "a communal dance performed in a circle with synchronized shaking of the limbs in turn" (COD, s.v. hokey-cokey). Außerdem ist der Text etwas verkürzt: die Wiederholung von *in – out, in – out* und der Refrain fehlen, "We do the hokey-cokey (dreimal), that's what it's all about." Wichtig ist dabei, dass die erwähnten Handlungen während des Gesangs auch durchgeführt werden. Pauncz geht es ja auch darum, Bewegung im eigentlichen Sinne in den Unterricht zu bringen. Im Refrain werden die Hände dreimal hochgestreckt und wieder an die Füße gelegt. So wird der *communal dance* aus dem Bereich des Kindlichen gelöst. Wir haben dieses Spiel als Teenager außerhalb der Schule gespielt.

Es gibt jedoch auch Fälle, wo die schwachen Reaktionen der Schüler durch die Fragestellung selbst bedingt sind. Dazu ein Beispiel:

Das Thema in einer 9. Klasse sind die verschiedenen *Englishes* in den USA, in Indien, Südafrika, Australien und Nordengland. Die Unterrichtende hat dazu Hörmaterial ausgewählt und auf das Wesentliche reduziert, in dem Sprecher aus den genannten Ländern zu Wort kommen. Nach der ersten Frage, "Which person comes from which country?", gelingt es den Schülern auf Anhieb, die Sprecher ihren Heimatländern treffend zuzuordnen. Erstaunen auf der einen, Stolz auf der anderen Seite. Dann kommt eine Fragenserie:

> Which dialect did you find the most difficult? Why?
>
> What can you tell me about the other dialects?
>
> Who likes to start to give information about the persons?
>
> What can you tell me about English?
>
> Why did you learn English?
>
> In which countries is English spoken as the first language?
>
> What is given as information in the text?

Während die Schüler bei der ersten Frage aus der Reihe noch einigermaßen gesprächsbereit sind, lässt das bei den folgenden Fragen immer mehr nach. Es lässt sich beobachten, dass sich die Fragen immer stärker von den eben gehörten Aussagen lösen und abstrakter werden. Die Frage nach der Schwierigkeit wendet sich an die Schüler persönlich und findet so auch noch Resonanz. Die nächste bezieht sich zwar auf das eben Gehörte, erwartet aber irgendeine pauschale Aussage über die fünf Varianten, die es den Schülern schwer macht herauszufinden, wohin die Frage eigentlich zielt, und was kann man überhaupt allgemein über fünf verschiedene Dialekte sagen? "What can you tell me about ...?" ist also viel zu vage, als dass man sich schnell entscheiden könnte, wo man anfangen soll. Wo setzt man an bei "What can you tell me about English?" Da wartet man doch besser erst einmal ab, was da noch kommt. Die dazwischenliegende Aufforderung, "to give information about the persons", ist gleichfalls sehr vage formuliert, wobei noch hinzukommt, dass man sich bei dieser Formulierung als Informant (*informer*) außerhalb des Datenschutzes vorkommen könnte. Die konkrete Frage nach dem Beruf der Sprecher, "What are their occupations?", hätte vermutlich mehr Schüler zum Sprechen motiviert.

"Why did you learn English?" ist wieder persönlicher, wird aber nicht weiter verfolgt und zugunsten einer Sachfrage aufgegeben, über die der Hörtext keine Auskunft gibt. Nach immerhin vier Wortmeldungen wird in einer wiederum recht vagen Formulierung dann auf den Buchtext verwiesen, der nun wegen seiner Dialektfreiheit vergleichsweise farblos wirkt und die Schüler verstummen lässt.

Offensichtlich sind konkrete Fragen vagen und abstrakten vielfach überlegen.

Die Stunde wäre natürlich in der geschilderten Situation lebhafter verlaufen, wenn sich die Unterrichtende die Überraschung nach dem ersten Anhören zunutze gemacht und gefragt hätte: "How do you know?" Das wäre einmal persönlicher gewesen und wäre außerdem ein guter Ausgangspunkt gewesen für eine nähere Betrachtung der Hörbeispiele, was ja auch beabsichtigt war.

Die inflexible Reaktion der Unterrichtenden auf die ersten Schüleräußerungen erklärt sich großenteils dadurch, dass die Fragen in der Vorbereitung so formuliert waren. Eine Loslösung von diesem Konzept wäre immerhin möglich gewesen. Ganz ausgeschlossen ist dies, wenn solche Fragen über den Arbeitsprojektor den Schülern vorgefertigt vorgelegt – ich bin versucht zu sagen „vor den Kopf geknallt" – werden, was gar nicht so selten geschieht, nicht nur in Klassenarbeiten. Eine solche Vorgehensweise verhindert, dass die Schüler ihre eigenen Gedanken entwickeln und formulieren.

Das Ganze sollte nun nicht so verstanden werden, dass vage Fragen generell abzulehnen sind. Sie können sogar sehr ergiebig sein. In Harmers Didaktik beginnt der Einstieg in das Thema Eskimos mit der (implizierten) Frage: "What do you know about the Eskimos?"[141] Das ist vage genug. Offenbar müssen wir unterscheiden zwischen Fragen vor der Behandlung eines Textes und Fragen zu einem Text, der schon gelesen oder gehört worden ist. Weit gefasste Fragen können also der Vorbereitung auf ein Thema dienen. Darin besteht ja die Technik des *brainstorming*. Aber *brainstorming* ist nicht sinnvoll angesichts eines informativen Textes, der bereits vorliegt oder gehört worden ist. Und geradezu entwaffnend ist die Frage "What can you tell me about English?", wenn sie Leuten gestellt wird, die keinen Einstieg in dieses Thema vor sich haben, sondern sich bereits seit Jahren damit beschäftigen.

---

[141] Jeremy Harmer: *The Practice of English Language Teaching.* London, New York: Longman 1983, S. 154.

6 Responses und deren Steuerung

6.1 Antworten auf *yes-/no*-Fragen

Like question, like answer.

Dies kann man leicht wörtlich nehmen und also von den Schülern erwarten.

a. <u>Did</u> you have tea for breakfast? – Yes, I <u>did</u>.
b. <u>Have</u> you seen Mr X this morning? – No, we <u>haven</u>'t.
c. <u>Is</u> anyone going to Britain this summer? – Yes, we <u>are</u>.

Es ist, möchte man meinen, zu allen Zeiten den Schülern eingebläut worden, dass sie in der Antwort das Hilfsverb zu wiederholen hätten. Das ist relativ einfach, und man sollte nicht in Versuchung kommen, im ersten Fall "Yes, I had" zu sagen oder im dritten "Yes, we will". Der Lehrer hat für den Schüler schon die richtige Grammatikform ausgewählt, die also nur zu übernehmen ist. So kann sich der Schüler an die Grammatik gewöhnen und gleichzeitig an eine Antwortform, die auf jeden Fall höflicher ist als ein einfaches *Yes / No*.

Die Erfahrung zeigt aber, dass dieses Prinzip von vielen Schülern entweder nicht verstanden oder im Bedarfsfall nicht beherzigt wird. In solchen Fällen wird das schöne Frage-Antwort-Spiel zur Qual.

Nebenbei bemerkt, ist das Prinzip auch nicht immer so einfach wie eben geschildert. Edmondson gibt zwei Beispiele, in denen die Wiederholung des Hilfsverbs in der Antwort pragmatisch völlig unangemessen wäre:

A Shall I close the window?
B *Yes you shall.

A Could we perhaps go tomorrow?
B *Yes we could.[142]

Umgekehrt müsste im folgenden *exchange* die Antwort eigentlich falsch sein:

A Have you a dog?   B No, I don't.

Die Antwort wird jedoch von Leo R. Cole als natürlich bezeichnet,[143] während das Lehrwerk Eckermann/Piert noch drillte:

A Have you a little dog?   B Yes, I've got a little dog.[144]

---

[142] Willis Edmondson: "Some Ways in Which the Teacher Brings Errors into Being". In: Gabriele Kasper: *Learning, Teaching and Communication in the Foreign Language Classroom*. Aarhus: Aarhus University Press 1986, S. 114.
[143] "The Structured Dialogue: an Attempt to integrate Structural and Situational Approaches to Language Teaching". *IRAL* 1969, S.127.
[144] „Lehren und Lernen im Sprachlabor". In: *Einführung in die englische Sprache*. Stuttgart: Klett 1967.9E.

Dies zeigt nur, wie auch dieses Kapitel seine Tücken hat. Es ist schon deswegen nicht sehr sinnvoll, den Schülern die gewünschte Antwortform einzudrillen. Sie müssen im Zweifelsfalle wissen, dass es Alternativen gibt. Inzwischen wissen wir außerdem, dass jeder einen inneren Lehrplan hat und dass nicht das gelernt wird, was der Lehrer im Augenblick verlangt, sondern was dem Schüler, bewusst oder nicht, als merkenswert erscheint.

Antworten auf *yes-/no-questions* sind ein klassisches Beispiel dafür, wie wenig es darauf ankommt, dass bestimmte Dinge zu einem bestimmten Zeitpunkt gelernt werden. Es tut der Kommunikation keinen Abbruch, wenn man die oben geschilderte Antwortform nicht erhält. Nach Jack C. Richards ist die angesprochene Antwortform nur eine von sechs Möglichkeiten.[145] Nach seinen Untersuchungen macht sie nur 20% der gesprochenen Sprache und weniger als 10% der geschriebenen Sprache aus.[146] Will man einfaches *Yes / No* nicht gelten lassen, weil es tatsächlich ziemlich schroff ist (in bestimmten Zusammenhängen aber durchaus normal), bleiben noch vier andere Möglichkeiten, die den Schülern offen stehen:

> Mögliche Antworttypen zu den oben gestellten Fragen
>
> a. Did you have tea for breakfast? – I did / we didn't (*Yes / No* kann wegfallen). Oder: Yes, I always have tea (*Yes / No* ohne Hilfsverbwiederholung, aber mit zusätzlicher Information).
> b. Have you seen Mr X this morning? – He is never here on Mondays (indirekte Beantwortung durch relevante Information).
> c. Is anyone going to Britain this summer? – Certainly, of course, definitely, I think / expect / suppose / believe so (auch Synonyme für *yes / no* sind gebräuchlich).

Es wäre zum mindesten ebenso wichtig, diese Antwortformen vorzugeben und einzuüben wie die mit der Wiederholung des Hilfsverbs. Wenn einzelne Schüler sich diese angewöhnen, andere wieder andere, ergibt sich schon daraus etwas Abwechslung, die den Unterricht ein wenig lebendiger erscheinen lässt.

6.2 *Wait time*

> *Wer viel fragt, bekommt viel Antwort.*

Es wäre schön, dies wörtlich nehmen zu können. Die Antworten der Schüler tendieren jedoch stark zur Kürze. Dass dies zum Teil an der Fragetechnik liegt, haben wir gesehen. Es kann aber auch, vor allem nach anspruchsvolleren Fragen, daran liegen, dass man den Schülern nicht genug Zeit lässt, ihre Antwort im Stillen zu planen. Untersuchungen zur Wartezeit (*wait time*) haben ergeben, dass im Durchschnitt die

---
[145] J. C. Richards: "Answers to yes-/no- questions". *ELTJ* 31/2.1977, S. 136-141.
[146] *Ebd.*, S. 140.

Lehrer weniger als eine Sekunde warten, bis sie einen Schüler zur Antwort aufrufen. Daraufhin wurden verschiedene Lehrer gebeten, ihre Wartezeit auf drei bis fünf Sekunden auszudehnen. Das Ergebnis war erstaunlich: Die Antworten wurden länger, die Zahl der angemessenen Antworten stieg an, Nullantworten gingen zurück, es wurde mehr spekuliert und gefolgert, die Schüler stellten häufiger selber Fragen, und allgemein gab es mehr Vielfalt in den Schülerbeiträgen.[147]

Dieses verblüffende Ergebnis einer ganz einfachen Maßnahme gilt leider nicht ohne weiteres für den Englischunterricht, denn die genannten Untersuchungen wurden in Sachfächern vorgenommen. Dennoch ist nicht anzunehmen, dass im Sprachunterricht die Verhältnisse vollkommen anders liegen. Sicherlich brauchen die Schüler im Sprachunterricht für ihre Antwort mehr Zeit, jedenfalls bei anspruchsvollen Fragen; einmal um sich den Sachverhalt zu überlegen, und dann um diesen Sachverhalt in der Fremdsprache zu formulieren. Eigene Beobachtungen tendieren ebenfalls dahin, dass die Wartezeit bei vielen Lehrern zu kurz ist, außer in einem Fall, als schon der Lehrer bei Schülerfragen sich selber ungewöhnlich viel Zeit nahm und auch den Schülern entsprechend mehr Zeit ließ. In diesem durch Wartezeiten scheinbar schleppend verlaufenden Unterricht waren die Schülerantworten in der Regel fundiert und korrekt formuliert.

Der wahrhaft emanzipierte Schüler nimmt sich natürlich die nötige Wartezeit selbst. Wie kann er das, wenn der Lehrer drängt? Indem er *gambits* einsetzt, insbesondere *stalls* (vgl. oben, unter 3.3.1). Wer also den Schülern die Tricks und Wendungen der *gambits* verrät, hilft ihnen nicht nur sprachlich.

Am Ende ist die Sache mit der Wartezeit eine Frage des Unterrichtsstils. In Einübungsphasen, wo die Antwortfindung kein Problem darstellt, ist eine schnelle Abfolge sicherlich das Richtige, um die Schüler vorm „Einschlafen" zu bewahren. In Diskussionsphasen, wo die spontane, schnell abgefeuerte Antwort nicht möglich ist, müssen offenbar größere Wartezeiten angesetzt werden. Schließlich kann ein Tempowechsel auch sonst vor Routine-Monotonie bewahren.

6.3 Ganzsatz-Antworten

It's a long drag. – Yes, it's a long drag.

Nicht jedem, der Unterricht hält, ist bewusst, dass es auf die Fragetechnik und die richtige Wartezeit ankommt, um brauchbare Antworten zu bekommen. So versucht man denn, mit den Schülern Absprachen zu treffen, die längere Äußerungen zwingend machen, Äußerungen, in denen die Schüler ihre Vokabel- und Gramma-

---

[147] Vgl. David Nunan: *Language Teaching Methodology*. Hemel Hempstead: Prentice Hall 1991, S. 193.

tikkenntnisse unter Beweis stellen müssen. Außerdem soll so ein gewisser Ausgleich für das Überwiegen der Lehrersprache geschaffen werden.[148] Es wird also vereinbart, dass grundsätzlich auf jede Frage in einem ganzen Satz zu antworten ist.

Das Bestehen auf vollständigen Sätzen ist weit verbreitet. Um nur zwei Beispiele zu nennen: In Muriel Sparks Roman *The Prime of Miss Jean Brodie* verlangt die Lehrerin von ihren speziellen Zöglingen ganze Sätze.[149] Nystrom registriert die gleiche Tendenz bei Lehrern, die spanisch sprechende Kinder Englisch als Zweitsprache lehren.[150]

Zu diesem Thema habe ich mich schon einmal ausführlich geäußert.[151] Ich kann mich darum hier kurz fassen. Vereinbarungen zu Ganzsatz-Antworten werden von den Schülern (leider!) angenommen, aber es kommen dann Sätze zustande, die man weder in der Muttersprache noch in der Fremdsprache als Antwort geben würde. Die mündliche Kommunikation ist allgemein weniger durch vollständige Sätze als durch Ellipsen gekennzeichnet.[152] Schon Dirven hatte gesagt: "The natural laws of conversation require elliptical answers."[153]

Die Wiederaufnahme bestimmter Informationsteile aus der Frage kann ein bestimmtes Stilmittel sein; als gewohnheitsmäßige Antwort ist sie einfach unnatürlich und würde außerhalb der Schule für lächerlich oder sogar provokativ gehalten.

Das Letztere wird von Doris Lessing in ihrer Kurzgeschichte "England versus England" unmissverständlich demonstriert:

The woman was asking him: "Are you feeling all right?"

> "Yes, I'm all right," he said carefully.
> "Going all the way to London?"
> "Yes, I'm going all the way to London."
> "It's a long drag."
> "Yes, it's a long drag."
> At this echoing dialogue, the girl lowered her magazine to give him a sharp contemptuous look, up and down. Her face was now smoothly pink, and her small pink mouth was judging.[154]

---

[148] Das Letztere betont René Dirven: "Is it really so hard to get young children interacting in a foreign language?" *ELTJ* 35/3.1981, S. 292.
[149] Harmondsworth 1980 ([1]1961), S. 45f.
[150] Nancy J. Nystrom: "Teacher-student Interaction in Bilingual Classrooms: Four Approaches to Error Feedback". In: Gabriele Kasper (Hg.): *Learning, Teaching and Communication in the Foreign Language Classroom*. Aarhus: Aarhus University Press 1986, S.171f., 177, 181f.
[151] Herwig Wulf: „'Use a complete sentence' – Hilfe oder Hindernis im fremdsprachlichen Unterrichtsdialog?" *NM* 1.1994, S. 34-38.
[152] Vgl. die Untersuchungen an der Universität von Nottingham: Michael McCarthy/Ron Carter: "Spoken grammar: what is it and how can we teach it?" *ELTJ* 49/3.1995, S. 207-218; Ronald Carter: "Orders of reality: CANCODE, communication, and culture". *ELTJ* 52/1.1998, S. 43-56; Guy Cook: "The uses of reality: a reply to Ronald Carter". *Ebd.,* S. 57-63.
[153] René Dirven: "Is it really so hard to get young children interacting in a foreign language?" *ELTJ* 35/3.1981, S. 292.
[154] In: *A Man and Two Women*. London: Panther Books 1965 ([1]1963).

Künstliche Langantworten können auch eine zusätzliche Fehlerquelle sein:

> What flowers do you like best? – *I like best roses.

Weiterhin legen künstliche Ganzsatz-Antworten nicht den Ton auf die zentrale Aussage, wie es im normalen Umgang der Fall ist:

> What was destroyed by the rain? – The rain destroyed the crops.

The crops allein wäre eine weit klarere Antwort. Der Fragesteller erwartet nicht, dass ihm wiederholt wird, was er gerade gesagt hat, und wird in solch einem Fall irritiert.

Nystrom gibt keinen direkten Kommentar zu der Technik der erzwungenen Ganzsatz-Antworten, stellt aber fest, dass in den von ihr beobachteten Klassen, wo dies üblich war, die Sprache der Schüler allgemein "labored and stilted" gewesen sei.[155]

Ebenso stellen Dulay/Burt/Krashen fest:

> Insistence on complete sentences when one-word answers would be used in normal conversation may result in students' English sounding stilted and unnatural.[156]

Insgesamt lässt sich sagen, dass die Schüler so nicht zu selbständigen längeren Äußerungen geführt werden. Es kann nicht unser Ziel sein, den Schülern Umgangsformen beizubringen, die nur in der Schule problemlos funktionieren.

Es müssen eben andere Fragetechniken angewendet werden oder andere Aufgabenstellungen wie Erzählungen, Schilderungen von Sachverhalten und Vorgängen, Zusammenfassungen von Ergebnissen der Gruppenarbeit im handlungsorientierten Unterricht, Darlegung und Begründungen von Meinungen. Solche Arbeitsformen sind höherwertig als eigens für den Schulgebrauch eingeführte Konventionen.

Eine aufschlussreiche Übung findet sich bei Jane Willis.[157] Auch sie teilt offenbar die Auffassung, dass Ganzsatz-Antworten trotz ihrer Unnatürlichkeit von Lehrern vereinbart werden, um bestimmte grammatische Phänomene zu üben. Dass dies auch ohne eine solche Vereinbarung gelingen kann, geht aus Folgendem hervor:

Zu vier kleinen Bildern soll eine Reihe von Fragen gestellt werden, die die Struktur *should have done* „elizitieren" sollen.

> Bild 1: Jemand liegt im Bett, während draußen die Sonne hoch am Himmel steht.
> Gewünschter Kommentar: *You should have gone to bed earlier.*

---

[155] Nancy J. Nystrom: "Teacher-student Interaction in Bilingual Classrooms: Four Approaches to Error Feedback". In: Gabriele Kasper (Hg.): *Learning, Teaching and Communication in the Foreign Language Classroom*. Aarhus: Aarhus University Press 1986, S. 185.
[156] *Language Two*. New York, Oxford: OUP 1982, S. 264.
[157] *Teaching English through English*. London 1981, S. 110.

Bild 2: ein Auto mit eingedrücktem Kühler.
Gewünschter Kommentar: *He should have driven more carefully.*

Bild 3: Neben einem Messer liegt ein kleiner Rest Brot.
Gewünschter Kommentar: *She should have bought some more bread.*

Bild 4: Jemand hat sich mit Mühe ein zu enges Hemd angezogen.
Gewünschter Kommentar: *He should have tried it on before he bought it.*

Die **Aufgabe** ist nun, die entsprechenden Fragen zu stellen. *What should he have done?* würde natürlicherweise ergeben: *Gone to bed earlier.* Es folgt eine Reihe von Äußerungen, unter denen die auszuwählen sind, die das Ziel besser erreichen würden.

1. *Should he have gone to bed earlier?*
2. *Shouldn't he have tried the shirt on before he bought it?*
3. *Oh, dear. There's no bread left.*
4. *Did she buy some more bread?*
5. *I'm terribly tired this morning.*
6. *What time should you have gone to bed?*
7. *What should he have tried on in the shop?*
8. *Hey. That new shirt doesn't fit, does it?*
9. *Paul had a car crash on his way home last night.*

Natürliche **Antworten**:

1. *Yes, of course.*
2. *He certainly should have.*
3. *She should have bought some more bread.*
4. *No, she didn't.*
5. *You should have gone to bed earlier.*
6. *A lot earlier, anyway.*
7. *Another shirt.*
8. *He should have tried it on first before he bought it.*
9. *He should have driven more carefully.*

Die gewünschte Antwortform ergibt sich in weniger als nur der Hälfte der Fälle.

Es ist bemerkenswert, dass gar nicht alle Äußerungen Fragen sind. Das kommt der alltäglichen Unterhaltung wieder näher, in der Erwiderungen ebenfalls nicht nur auf Fragen gegeben werden. Man müsste demnach die Schüler nach Möglichkeit zu

Kommentaren anregen, ohne immer nur Fragen zu stellen. Der Weg dahin ist allerdings schwer.

In einer Unterrichtsstunde, die ein Lehramtskandidat hielt, stellte dieser über den Klassenlehrer äußerst kühne Behauptungen auf, die bei den Schülern zwar Stirnrunzeln, aber keinerlei Kommentare hervorlockten. Wieder scheint es Aufgabe der Unterrichtenden zu sein, den Schülern erst einmal vorzumachen, bei welchen Anlässen man Kommentare abgeben kann. Schüleräußerungen wie "I'm so tired this morning" sind ja nicht so selten und könnten eben mit "You should have gone to bed earlier" oder mit "What time do you have to get up?" oder "Did you work very hard yesterday?" u.s.w. kommentiert werden. "I woke up at a quarter to six" könnte dann wieder mit "Well, that *is* early", "Your *are* an early riser" oder "I never (wake up that early)!" quittiert werden. So etwas könnte gut in der *warming-up*-Phase geschehen, die nicht nur allgemein der Wiedereingewöhnung dient, sondern durchaus auch Redemittel im Zusammenhang geläufig machen kann.

7 Reaktionen auf Schüleräußerungen

The teacher's primary responsibility is response-ability.[158]

Hat man einmal die Schüler zu Äußerungen animiert, ist es für den Fortgang des Unterrichtsgesprächs mit entscheidend, wie man nun wieder auf die Äußerungen reagiert. Auch dieser Bereich ist nicht unproblematisch, selbst wenn es sich nur um Übungsreihen handelt, die ohnehin nicht einen höheren Anspruch als den der Vorbereitung auf Kommunikation haben. Es steht zweifelsfrei fest, dass solche Übungsreihen notwendig sind, gerade im Anfangsunterricht. Wie aber werden nun die vielen Beiträge der Schüler quittiert? Man kann sie schweigend entgegennehmen und dabei mit dem Kopf nicken oder scheinbar ohne Reaktion gleich die nächste Frage stellen. Die Schüler erkennen das als Bestätigung ihrer Antwort, wenn die Übung weiter fortgesetzt wird; denn wäre der Beitrag falsch gewesen, hätte der Lehrer nachgehakt.

7.1 Echo

Häufig werden die Schüleräußerungen wiederholt (Lehrerecho). Dies ist eine Form der Bestätigung, die auch außerhalb der Schule vorkommt, allerdings wesentlich seltener. Im Sprachunterricht rechtfertigt man diese Form damit, dass der Lehrer so noch einmal die richtige Antwort allen zu Ohren bringt. Eine inhaltlich korrekte Antwort kann ja phonetisch noch verbesserungswürdig sein.

Diese Rechtfertigung ist leider nicht stichhaltig. In einem Unterricht mit wiederkehrendem Lehrerecho ist es unausbleiblich, dass die Schüler nur dann eine Antwort für richtig halten, wenn sie der Lehrer durch seine Wiederholung sanktioniert hat. Konsequenterweise ist es dann auch gar nicht sinnvoll, auf das zu achten, was die Mitschüler sagen, denn oft ist es falsch und wird dann vom Lehrer korrigiert, und wenn es richtig ist, wird es ohnehin noch einmal wiederholt. Es kann aber nicht Sinn eines auf Kommunikation ausgerichteten Sprachunterrichts sein, dass sich die Schüler angewöhnen, einander nicht zuzuhören.

Wenn nun aber die Antwort des Schülers inhaltlich richtig war, aber entweder phonetisch nicht vorbildlich oder auch nur zu leise, ist dann das Lehrerecho nicht angebracht?

Für beide Fälle gibt es eine bessere Möglichkeit als das Lehrerecho. Hat der Schüler nur leise gesprochen, so kann es doch sein, dass ihn alle verstanden haben. Wenn man sich da nicht sicher ist, sollte man einen entfernt sitzenden Schüler bitten, die

---
[158] Peter Wilberg, zitiert bei Michael Lewis: *The Lexical Approach.* Hove: Language Teaching Publications 1993, p.iii.

Antwort zu wiederholen. Wenn er das kann, ist jeder Zweifel ausgeräumt, wenn er es nicht kann, wird der Schüler, der die Antwort gegeben hatte, gebeten, seine Antwort selber zu wiederholen. So bekommt der Schüler auf ganz natürliche Weise erneut Sprechgelegenheit und diesmal sogar mit der Überzeugung, dass er etwas Richtiges gesagt hat, und wird schon deswegen lauter sprechen. Wenn jedoch die Aussprache nicht gut genug war, kann, wie gesagt, von Echo nicht die Rede sein, sondern von Korrektur. Von Korrekturen handelt das Kapitel 9.

Die Aufforderung an einen Schüler, sich zu wiederholen, scheint dann angebracht, wenn jemand etwas Bemerkenswertes gesagt hat, das unbedingt alle hören sollten. Das kann eine Art Lob sein, aber auch eine Hinführung zu einer Fehlerkorrektur. "Listen carefully, there was a mistake in his / her answer." Es ist auch möglich, dass der Lehrer nicht verstanden hat und es nicht zugeben will. Damit wird schon deutlich, dass die Aufforderung zu einer Wiederholung etwas rein Schulisches sein kann. So bemerkt denn auch Murphy:

> When they [some teachers] fail to catch or understand something said by a learner, rather than admit this <u>as they would be expected to in a conversation</u>, some teachers reply with 'repeat'. The message is *Say that again and get it right*, or *Say it so I can understand you.* If you use 'repeat' <u>outside the classroom it is likely to be interpreted as *You've insulted me*</u> or <u>*What you've said is incredible*</u> (meine Unterstreichungen).[159]

Es ist immer wieder überraschend, wie stark das Gespräch in der Klasse von dem in der übrigen Welt abweichen kann. In rein vorkommunikativen Übungsphasen, wenn den Schülern sowieso klar ist, dass sie nicht Konversation machen, ist dagegen nichts einzuwenden. In Gesprächsphasen jedoch fragt es sich, ob man solche Abweichungen braucht.

7.2 Stereotype Quittungen

Weit häufiger werden Schüleräußerungen mit kurzen Bemerkungen wie *good, good* oder *very good* stereotyp quittiert. Das ist eine Praxis, die sich nicht auf den Englischunterricht beschränkt[160] und nicht auf Lehrer in Deutschland. Dennoch ist sie aus fünf Gründen nicht zu empfehlen:

1. Die serienmäßige Quittung lässt den Wortsinn zur Bedeutungslosigkeit schwinden. Wortlose Quittungen sind angemessener.

---

[159] "Communication and correction in the classroom". *ELTJ* 40/2.1986, S. 148.
[160] Oomen-Welke hat dies an deutschen Grundschulen beobachtet, wo das Wort *gut* „sowohl in der Lehrersprache als auch absolut das häufigste Adjektiv ist." „Deutscher Unterricht als (inter)kulturelle Praxis". In: Albert Bremerich-Vos (Hg.): *Handlungsfeld Deutschunterricht im Kontext. Festschrift für Hubert Ivo.* Frankfurt am Main: Diesterweg 1993, S. 160.

2. Verschiedene Schüler, insbesondere Kinder aus anderen Kulturen, fassen *good* im wörtlichen Sinn auf und sind am Ende eines Schulhalbjahrs sehr enttäuscht, wenn ihre Noten nicht den vielen *goods* entsprechen, die sie doch gesammelt haben.[161]

3. Das ständige *good* nivelliert die Schüleraussagen, die selten gleichwertig sind. Wirklich gute Aussagen werden nicht kenntlich gemacht, und weniger gelungene Aussagen werden scheinbar gelobt. Einzelne Lehrer gehen sogar soweit, dass sie falsche Antworten mit *good* bedenken, das dann nur heißen soll, „Ich freue mich, dass du überhaupt eine Antwort gegeben hast." Es ist dies eine Art Unehrlichkeit, als Höflichkeit gedacht, die die Schüler nicht recht verstehen können. Außerdem sehen sie so keinen Anlass, ihre sprachlichen Äußerungen zu verbessern. Nach der *comprehensible output hypothesis* ist das aber die Voraussetzung fürs Lernen.

4. Wir haben weiter oben gesehen, dass die Äußerungen der Lehrer für die Lerner das wichtigste Sprachvorbild sind. Eine reichere Auswahl an wertenden Adjektiven und Wendungen, die dann immer der Situation entsprächen, würde auch den Vokabelschatz der Schüler stark erweitern, zumal wenn je nach Güte der Schüleraussage differenziert würde. Wie groß die Palette der tauglichen Lehrerquittungen sein kann, zeigen zahlreiche Aufsätze und Bücher der Fachliteratur.[162]

5. Ein Unterrichtsdialog, in dem von Lehrerseite nicht nur *good, good, good* zu hören ist, sondern auch *fantastic! Wow!* oder auch "Are you sure? / You can't mean it / I'm afraid not" ist sicherlich lebendiger und motivierender.

7.3 Feedback

Wir können offensichtlich das Thema Lob und Tadel nicht ganz ausklammern. Es ist aber zu fragen, ob man Schüleräußerungen ständig mit wertenden Bemerkungen bedenken solle. Je stärker wir eine wirkliche Kommunikation zum Ziel haben, um so

---

[161] Vgl. Oomen-Welke, die festgestellt hat, dass „türkische Schüler das Bestätigungs-Kulturem deutscher Lehrpersonen nicht durchschauen, sondern die beiläufige Bemerkung für eine individuelle Anerkennung besonderer Leistung halten." (*Ebd.*, S. 160).

[162] Graham Cass: "Language in classroom interaction". *Englisch* 4.1991, S. 131-133; Roslyn Cattliff/Sydney Thorne: *English in the Classroom.* Frankfurt/Main: Diesterweg 1988; D. Clarke/I. Preedy: „Lob und Kritik – Die Sprache des Klassenzimmers". *Die Fundgrube für den Englisch-Unterricht.* Frankfurt 1990, S. 150-160; Karin Ebbighausen: *Classroom Communication: expressions for teachers and pupils.* Paderborn: Schöningh 1978; Manfred Ernst: „Authentische englische Unterrichtssprache. Eine aktuelle Sammlung". *Praxis* 1992, S. 392ff. Manfred Ernst: „Die Sprache des Klassenzimmers. Authentische englische Unterrichtssprache". *Praxis* 4.1994, S. 376-397; Ludwig Gressmann/Anthony Rich: *Classroom Language.* München: Oldenbourg 1982; Harald Gutschow: „Unterrichtsphraseologie". In: *Eine Methodik des elementaren Fremdsprachenunterrichts.* Berlin: Cornelsen, Velhagen & Klasing 1978, S. 157-158; Glyn S. Hughes: *A Handbook of Classroom English.* Oxford 1981. Helmut Kißling: *Lexikon der englischen Unterrichtssprache.* Heidelberg: Quelle & Meyer 1981. Vgl. außerdem Anm. 58 und den Anhang S. 147f.

weniger sind Lob und Tadel am Platze. In Gesprächen außerhalb der Schule werden Lob und Tadel äußerst selten ausgeteilt. Im Bereich der mündlichen Kommunikation, wenn es sich nicht um Fragen der Disziplin handelt, ist Lob und Tadel durch positives oder negatives *feedback* zu ersetzen. *Feedback* gibt den Schülern die nötige Rückmeldung darüber, wie ihre Mitteilungen in der Fremdsprache „rüberkommen". So kann man ganz allgemein sagen, dass *good-good-good* eben als *feedback* ineffizient ist. Nunan zitiert eine Liste Brophys, die sehr detailliert wirksames und unwirksames *feedback* gegenübergestellt.[163] Diese Liste ist ohne längeren Kommentar gerade wegen ihrer Detailliertheit nicht leicht verständlich, zeigt aber als solche schon, dass der Lehrer mit seinen Reaktionen auf die Schüleräußerungen den Lernprozess günstig beeinflussen kann, sei es, dass er geglückte Kommunikation signalisiert oder dass er durch negatives *feedback* (das steht nicht in der Liste) dem Schüler verdeutlicht, dass seine Mitteilung nicht ganz klar ist und woran das liegen könnte. In Gesprächen außerhalb der Schule wird positives *feedback* selten *expressis verbis* gegeben, wird aber durch Gesten wie Kopfnicken und paralinguale Äußerungen wie „mhm, aha" oder Ausdrücke des Beipflichtens angezeigt, oder auch nur dadurch, dass das Gespräch ohne Störung weiterläuft. Es gibt also implizites und explizites *feedback*. In der Schule ist das *feedback* der Schüler an den Lehrer fast ausschließlich implizit, das des Lehrers an die Schüler häufig explizit. Negatives *feedback* ist außerhalb der Schule in aller Regel implizit und lässt sich aus Missverständnissen erschließen. Der Ausweg ist dann (Selbst-)Korrektur. Korrektur ist *feedback* in einem engeren Sinne und wird in Kapitel 9 ausführlich behandelt.

Der Übergang von der vorkommunikativen Übung zu einem Gespräch lässt sich erleichtern, indem man schon in den Übungen die Schüleräußerungen weniger bewertet als auf sie eingeht und auf sie so reagiert, wie in einem außerschulischen Gespräch, so dass auch Übungen unmerklich in echte Kommunikation übergehen können.

Ein schönes Beispiel findet sich in einer Stunde, die F. L. Billows einmal in einer Heidelberger Schule hielt und die aufgezeichnet wurde. Hier ist ein Auszug:

Where have you come from, today? – From Altenbach. Oh, *it's a long way,* yes.	I have come from Altenbach.
And where have you come from? – *I see, and I have come from Ziegelhausen.* Er, where have you come from?	I have come from Wieblingen. I have come from Schriesheim.
From Schriesheim? *That's quite a long way,* isn't it? How did you come?	

Schon damals, anfangs der siebziger Jahre, als man noch die audiolinguale Methode und *habit formation* für das beste hielt (daher die stereotypen Fragen und Antworten), gab Billows immer wieder Kommentare zu den Schülerantworten ab und flocht

---

[163] David Nunan: *Language Teaching Methodology.* Hemel Hempstead: Prentice Hall 1991, S. 196.

auch Auskünfte über sich selbst ein (jeweils kursiv wiedergegeben). Hier mussten sich die Schüler ernst genommen fühlen, hier konnten sie feststellen, dass ihre Äußerungen eine Wirkung hatten, die nicht mit Lob oder Tadel quittiert, sondern die vom Lehrer als Gesprächsbeiträge aufgegriffen wurden.

7.4 Plane change

I'm bad at maths. – Very good.

Ein (vor 1978 offenbar nicht thematisiertes)[164] Phänomen ist, dass die Lehrer-Reaktionen auf Schüleräußerungen gelegentlich gar nicht zu passen scheinen.

In einer 9. Realschulklasse beginnt ein englischer Fachlehrer eine Unterhaltung über junge Schwarze in England und fragt die Schüler, was sie darüber wissen.

> P Most of them are poor.
> T Poor. Good. Good. What about work?
> P They are unemployed.
> T There are many unemployed. OK, good. They are, there are many unemployed young black people in England. There is a lot of unemployment. Ja.

Wenig später, in derselben Stunde, geht es um den Schwarzen Desmond:

> P He's out of work.
> T Good. He's out of work.

Textarbeit in einer anderen 9. Realschulklasse:

> T What was wrong with Carl?
> P Carl Perello was handicapped. So he was not able to speak and suddenly burst out into uncontrollable screaming.
> T Good, OK. Anything else? ... How did the friends and relatives treat the Perello family before Carl got better? How did they treat the family? Thomas?
> P They ignored them.
> T Good. That's right.

Dermot Murphy erwähnt kurz Folgendes:

> 'Good' can be used in a way inappropriate outside the class, even when the questioner asks real information, as this teacher did:
>
> T: How did your mother die?
> S She died in a car crash.
> T Good![165]

---

[164] Vgl. Herwig Wulf: „'They can die.' – 'Very good.' Zur Sprache des Lehrers im modernen Fremdsprachenunterricht". *Praxis* 1978, S. 364-372.
[165] Dermot F. Murphy: "Communication and correction in the classroom". *ELTJ* 40/2.1986, S. 148.

Glyn Hughes schreibt:

> Teachers may pay too much attention to the grammatical form of an answer and not enough to its communicative intent. Interesting exchanges develop:
>
> Pupil: 3,000 people died of starvation.   Teacher: Yes, very good.[166]

Die Beispiele oben lassen den Schluss zu, dass es sich um kein seltenes Phänomen handelt. Erst in ihrer Isolierung aus dem jeweiligen Kontext der Unterrichtssituation springen diese sonderbaren Erwiderungen ins Auge, und auch erst, wenn die Inkongruenz der Äußerungen inhaltlich so extrem ist.

Der Grund für die überraschende Unauffälligkeit so krasser Unvereinbarkeiten ist nicht die künstliche Situation des Fremdsprachenunterrichts allein, in der man sich an alles Mögliche schnell gewöhnt. Es handelt sich die vielmehr darum, dass sich Schüleräußerungen und Lehrerreaktionen auf zwei verschiedenen Bedeutungsebenen (*planes*) bewegen.

Nach Candlin lassen sich in allen Aussagen vier Bedeutungsebenen unterscheiden:[167]

1. Die *notionale* Bedeutung. Hier geht es um semantische Grundkategorien wie Raum, Zeit, Lage, Größen- und Mengenangaben, ausgedrückt durch formale Strukturen in der Grammatik.

2. Die *logisch-propositionale* Bedeutung liegt auf der Ebene der Logik und der sachlichen Richtigkeit.

3. Die *pragmatische* Bedeutung lässt Absicht und Funktion einer Aussage erkennen. Eine Frage ist hier nicht unbedingt eine Frage auf der zweiten Ebene, sondern kann eine Aufforderung oder Kritik bedeuten.

4. Bei der *Diskurs*bedeutung geht es um die Stellung einer Aussage im Gesamtzusammenhang eines Gesprächs. Welche Richtung nimmt das Gespräch, worauf läuft es hinaus?, wären Fragen, die sich auf dieser Ebene stellen.

Die Aussage *He's out of work* bedeutet auf der notionalen Ebene: Ein Mensch männlichen Geschlechts ist in der Gegenwart ohne Arbeit; auf der zweite Ebene liegt die sachliche Richtigkeit: Die Klasse hat seine Aussage von einem Tonband gehört, und die Schüleräußerung stimmt damit überein. Die pragmatische Bedeutung ist jedoch unklar. Was will der Schüler damit sagen, welche Absicht verbindet er mit dieser Aussage? Im täglichen Leben würde eine solche Aussage Mitleid oder

---

[166] *A Handbook of Classroom English*. Oxford: Oxford University Press 1981, S. 170.
[167] Christopher N. Candlin/(Peter Mohr): „Form, Funktion und Strategie. Zur Planung kommunikativer Fremdsprachencurricula". In: Christoph Edelhoff et al (Hgg.): *Kommunikativer Englischunterricht. Prinzipien und Übungstypologie*. München: Langenscheidt-Longman 1978.

auch Wut erregen. Das Ganze könnte auf der diskursiven Ebene darauf zielen, dass man Maßnahmen treffen will, die Abhilfe schaffen.

Die Lehrerreaktion zeigt jedoch, dass die Schüleräußerungen einzig auf der notionalen und der logisch-propositionalen Ebene aufgefasst werden: Der Tatbestand ist richtig wiedergegeben und die Grammatik ist korrekt. Dazu passt dann die Antwort „Good".

Entsprechend lassen sich auch die anderen Gesprächsausschnitte interpretieren. Es zeigt sich, dass in allen Beispielen eigentlich nur zwei Bedeutungsebenen, die notionale und die logisch-propositionale, berührt werden. Deswegen eignet sich zur Analyse des schulischen Dialogs das Begriffspaar von Black/Butzkamm besser, **mitteilungs-** und **sprachbezogene Kommunikation**.[168] Die Schüleraussage könnte mitteilungsbezogen sein, die Lehrerreaktion ist in jedem Fall sprachbezogen.

Im ersten Beispiel ist die Mitteilung des Schülers allem Anschein nach weniger die, dass er dem Lehrer gegenüber seine Sorge über die Notlage junger Schwarzer ausdrücken will, sondern dass er ihm mitteilt, dass er Kenntnis davon habe und dass er in der Lage sei, dies lexikalisch wie grammatisch korrekt zu formulieren, was denn auch die positive Reaktion des Lehrers auslöst. Im Grunde ist also die Schüleraussage auch sprachbezogen.

Da es nun einmal eine der Aufgaben des Lehrer ist, auf sprachliche Angemessenheit zu achten, ist es unvermeidlich, dass er hin und wieder auf diese Ebene wechselt: *plane change*. Andere Ebenen, auf die man im Unterricht wechselt, sind nach Sinclair/Brazil die *areas of attention* Inhalt, Organisation und Disziplin; und die Lehrertätigkeiten Informieren (*telling*), Stimulieren (*stimulating*) und Rückmelden (*awarding*).[169] Darunter ist nur *awarding* sprachbezogen.

Greifen wir noch einmal einen Teil des Unterrichtsausschnitts von S. 31f. heraus und beobachten die *plane changes*.

1. T That's better (*Kontrolle der Hausaufgabe*). And now there were some questions to the text. What does John Carpenter do on the ranch, Doris?
2. P …
3. T Doris, I called you, now you should answer!
4. P John Carpenter helped handicapped children.
5. T What else has he got to do?
6. P John Carpenter looks after the horses.
7. T Good. Anything else he's got to do?
8. P He has to prepare the meals of course.

---

[168] Colin Black/Wolfgang Butzkamm: „Sprachbezogene und mitteilungsbezogene Kommunikation im Englischunterricht". *Praxis* 1977, S. 115-124.
[169] J. M. Sinclair/D. Brazil: *Teacher Talk*. Oxford 1982, S. 22-25.

9. T   Yes, that's right.
10. P Können Sie mal bitte herkommen? Ich hab eine Frage. Bei der ersten Frage, wo ich grad beantwortet habe, habe ich nur einen halben Punkt. Wieso des?
11. T Please ask me that another time.

Die Lehrerin ist zu einem neuen Abschnitt der Stunde übergegangen. Der *boundary marker* "*now*" kennzeichnet den *focus* auf die Unterrichtsorganisation ("some questions *to the text") und behandelt nun den Unterrichtsstoff (*content*). Da die Schülerin nicht reagiert, wechselt die Lehrerin zu *discipline*. Daraufhin wechselt die Schülerin zu *content,* bei dem es eine Weile bleibt, unterbrochen von dem „Good" der Lehrerin. Dies ist nun wie das folgende „Yes, that's right" sprachbezogenes *awarding*. Als nächstes bewirkt ein Schüler einen *plane change*,[170] der organisatorisch und mitteilungsbezogen ist. Die Lehrerin reagiert ihrerseits mitteilungsbezogen (bevor sie wieder zu dem Unterrichtsstoff zurückkehrt).

Wie hier wird der Wechsel zu organisatorischen Angelegenheiten in der Regel deutlich markiert, immer bei *focus*: "Right. Next I'm going to ... / OK. Now let's ..." Er kann aber auch ohne Warnung eintreten, wie die anderen *plane changes* im letzten Ausschnitt demonstrieren, insbesondere bei Disziplin. Besonders abrupt erfolgt der Wechsel zur Sprachbezogenheit in dem bei Dinsmore wiedergegebenen Unterrichtsbeispiel (S. 84).

Wir sehen jetzt, dass die Kommunikation recht häufig auf wechselnden Bedeutungsebenen ablaufen kann, aber nicht immer wie in den Beispielen am Anfang zu so deutlich inkongruenten Wortwechseln (*exchanges*) führt.

Wenn *plane change* ohne Ankündigung allzu häufig auftritt, kann es dem Schüler schwer fallen, dem Lehrer zu folgen, weil er nicht mehr sicher sein kann, auf welcher Ebene er sich gerade bewegt. Zu der gleichen Beurteilung kommt Solmecke:

> Als Problemquelle möchte ich die eigenartige Art und Weise nennen, in der Lehrerinnen und Lehrer sprach- und mitteilungsbezogene Aspekte ihres Übungsgegenstandes vermischen, bzw. zwischen ihnen hin- und herpendeln, ohne den Lernern zu verdeutlichen, auf welchen Aspekt sie ihre Aufmerksamkeit richten sollen.[171]

Noch problematischer ist der Umstand, dass in der außerschulischen Konversation *plane changes* so gut wie gar nicht vorkommen. Man bleibt beim Thema (*content*) und wechselt weder zu Disziplin noch Evaluation (*awarding*), zum mindesten nicht ohne einen vorsichtigen Hinweis oder eine Entschuldigung. Wenn man die Schüler im Unterricht an häufige *plane changes* gewöhnt, bereitet man sie nicht auf den Sprachgebrauch in der alltäglichen Realität vor.

---

[170] J. M. Sinclair/D. Brazil: *Teacher Talk*. Oxford 1982, S. 32-34.
[171] „Aufgabenstellungen und Handlungsanweisungen im Englischunterricht". *Praxis* 1998, S. 43.

Unterrichtsausschnitt aus einer 12. Klasse, Gymnasium

1   T   Well, you've written a test in mathematics. Tell me, how do you feel?
       P1   I feel exhausted.
       P2   Ich auch.
       T   In English please.
5   P2   (*shrugs*)
       T   Which expression do we need here?
       P3   (*an P2*): Me too.
       T   (*an P2*): Can you repeat it please?
       P2   Me, too.
10   T   Good!
       P4   I feel aggressive.
       P5   I didn't have enough time.
       P6   I wasn't lucky.
       T   So at the moment you aren't ...?
15   P6   (*silence*)
       T   She wasn't lucky with her test, so what about her feelings at the moment?
       P7   She doesn't feel happy.
       P8   I want to go home.
       T   You may do so at five past one.
20   P9   I don't like Mondays.
       T   You're quoting, aren't you?
       P9   Yes, It's a song.
       T   Do you know by whom?
       P6   No.
25   P10   Boomtown Rats.
       T   Make a complete sentence please.
       P10   It's a song by the Boomtown Rats.
       T   Thank you.
       P11   I didn't write a test.
30   T   Lucky you.
       P12   I didn't write it, too.
       T   So you've been lucky, too, but there was a mistake in your answer. Who can correct it?
       PP   (*silence*)
       T   Can you repeat your sentence please?
35   P12   I didn't write it, too.
       P10   He didn't write it neither.

	T	We're looking for a word that sounds similar.
	P10	Either?
	T	Yes, make a complete sentence with it.
40	P10	He didn't write it either.

Fragen
1. Diskutieren Sie, ob dies ein Ausschnitt aus einer Übungsphase oder aus einem Gespräch ist.
2. Markieren Sie die *plane changes*. Welche Bedeutungsebene dominiert?
3. Wie wirken die Aufforderungen zur Wiederholung?

Antworten

Zu 1.

Zu Beginn dieses Abschnitts fragt der Lehrer nach dem persönlichen Befinden der Schüler. Bis Zeile 32, 1. Hälfte, scheint es wirklich vorwiegend ein persönliches Gespräch zwischen dem Lehrer und verschiedenen Schülern der Klasse zu sein.

Zu 2.

Aus dieser Ebene der Mitteilungsbezogenheit bricht der Lehrer verschiedentlich aus:
Zeile 4: Dies scheint sprachbezogen zu sein, jedoch würde ein *native speaker* ohne Deutschkenntnisse gleichfalls das Bedürfnis bekunden, Englisch zu hören. Das wäre selbst bei der Kürze der Formulierung immerhin möglich.
Zeile 8: Auch diese scheinbare Bitte könnte ein *clarification request* sein, erweist sich in Zeile 10 jedoch durch das Lob, offenbar für die sprachlich korrekte Form, eindeutig als sprachbezogen.
Auch in Zeile 14 spricht das *giving way* für eine sprachbezogen Frage. Der folgende Wortwechsel ist zweifellos mitteilungsbezogen, wechselte aber abrupt zur Sprachbezogenheit in Zeile 26 in der Aufforderung, einen ganzen Satz zu bilden. Das gleiche gilt für Zeile 32, wo die inhaltliche Aussage der Schülerin nicht erörtert wird, sondern die sprachliche Form. Auf dieser Ebene verharrt der Rest dieses Ausschnitts.

Zu 3.

Beide Aufforderungen zur Wiederholung (Zeile 8 und 34) bedeuten zweifelsfrei soviel wie: *Say that again and get it right.*
Damit erweist sich die gesamte Unterrichtsphase trotz der eingangs gestellten Frage nicht als mitteilungs-, sondern primär als sprachbezogen. Die Schüler können nicht anders als das Empfinden haben, dass der Lehrer die Frage nach ihren Gefühlen nicht ernst meint und an ihren Aussagen inhaltlich nicht interessiert ist.

8 Initiative – Response – Follow-up (I-R-F)

Betrachten wir noch einmal den Ausschnitt aus der Englischstunde von Billows (S. 100) oder, schon entsprechend markiert, die Ausschnitte im 2. Kapitel (S. 24f.), so liegt ihnen wie den meisten anderen Schulstunden ein und dasselbe Muster zugrunde. Der Lehrer gibt einen Anstoß, ergreift also die Initiative (*I*), der Schüler reagiert (*response*: *R*), und der Lehrer folgt mit einer Bemerkung dazu (*follow-up: F*). Dieses Grundmuster ist mehrfach beschrieben und in Sinclair/Brazils systematischer Behandlung von *Teacher Talk* aufgenommen worden.

Es heißt dort:

> In teacher talk the I-R-F structure is regular and characteristic ... If the discourse maintains this pattern, each of the teacher's utterances will be an F followed by an I. This very commonly happens.[172]

Damit ist dies für das allgemeine Muster des Unterrichtsdialogs typisch.

8.1 *I-R-F* als Problem

Die Frage ist jetzt, soll man damit zufrieden sein? Gut daran ist, dass der Lehrer im Allgemeinen auf Schüleräußerungen noch einmal reagiert. Analysen aus neueren britischen Sprachcorpora haben erbracht, dass in alltäglichen Gesprächen unter *native speakers* "3-part exchanges", also dreiteilige Wortwechsel überwiegen. Auf Rede und Antwort erfolgt konventioneller Weise noch ein Kommentar, der Sympathie oder Übereinstimmung signalisiert. Die dabei verwendeten Ausdrücke sind formelhaft:

> 'Really?', 'That's interesting', 'That's nice', 'I thought so', or 'I guessed as much'. Indeed, it is worth noting that the absence of a follow-up comment can make a question and answer sequence rather cold and impersonal.[173]

Carter stellt darüber hinaus fest, dass in manchen Englisch-Lehrwerken zweiteilige Wortwechsel überwiegen, während im „wirklichen" Englisch wie im Cobuild Corpus die "3-part exchanges" üblicher sind.

Ungünstig für die Entwicklung von Kommunikation ist also nicht eigentlich das *I-R-F*-Muster als solches, sondern dass das *F* in der Schule routinemäßig eine Wertung beinhaltet und dass dies den gerade begonnenen Dialog mit einem Schüler beendet.

---

[172] J. M. Sinclair/D. Brazil: *Teacher Talk*. Oxford 1982, S. 49.
[173] Ronald Carter: "Orders of reality: CANCODE, communication, and culture". *ELTJ* 52/1.1998, S. 44.

I ist "a device for getting in"[174], *F* ist dann – *correct me if I'm wrong* – "a device for getting out".

Beispielsweise quittiert eine Lehrerin die Meinungsäußerung eines Schülers so: "You're right. Not too bad." Während der erste Sprechakt der Lehrerin noch als Meinungsäußerung interpretiert werden kann – deutlicher wäre "that's true" – ist der letzte Sprechakt ganz klar eine Wertung. Damit wird inhaltlich das Gespräch abgeschlossen und sprachlich eine Formulierung gewählt, die dem Schüler als das Ende des *I-R-F*-Zyklus geläufig ist. Der Unterricht ist von der Ebene der Inhaltsbezogenheit auf die der Sprachbezogenheit zurückgekehrt (*plane change*, vgl. 8.4).

Was der Lehrer bezweckt, liegt auf der Hand: „Ich möchte auch anderen Schülern die Gelegenheit zum Sprechen geben." Diese gute Absicht wird aber durch einen großen Nachteil erkauft. Der Lehrer als Sprachvorbild liefert den Schülern reihenweise Beispiele, wie man ein Gespräch abschließen kann. Darin sind aber die Schüler längst gut genug! Was anzustreben ist, sind Taktiken, wie man ein einmal begonnenes Gespräch weiterführt.

8.2 Zurückweisungen

Too much honey cloys the stomach.

Ein Weg zur Fortführung von Gesprächen mag manch einen überraschen. Anstatt zur Ermutigung Schülerantworten, auch wenn sie nicht ganz treffen, mit "good" zu quittieren, sollte man in solchen Fällen den Mut zur Zurückweisung haben. Hier muss man als Lehrer öfter über seinen eigenen Schatten springen. Oomen-Welke hat Enthaltung bei Zurückweisungen gerade an deutschen Schulen konstatiert. Sie hat „in allen ihren deutschen Unterrichtsaufzeichnungen ausgesprochen wenige Zurückweisungen von Schüleräußerungen" gefunden.[175]

In der Literatur zur Englisch-Fachdidaktik scheint nur Walmesley dieses Phänomen angesprochen (und moniert) zu haben.[176] Er beschreibt Fälle, in denen Lehrer auf die Frage: "What things do you like?" Schüleräußerungen wie "In my common room, I would like to have a door" und "I like bones", nicht zurückweisen.

Im Sprachunterricht, bei reinen Übungsphasen, treten Zurückweisungen natürlich verhältnismäßig häufig auf. In den in dieser Abhandlung wiedergegebenen Unterrichtsprotokollen, die unter anderen Gesichtspunkten ausgewählt wurden, finden

---

[174] J. M. Sinclair/D. Brazil: *Teacher Talk*. Oxford 1982, S. 51.
[175] „Deutscher Unterricht als (inter)kulturelle Praxis". In: Albert Bremerich-Vos (Hg.): *Handlungsfeld Deutschunterricht im Kontext. Festschrift für Hubert Ivo.* Frankfurt am Main: Diesterweg 1993, S. 158.
[176] J. B. Walmesley: "Teacher Value Systems". *TESOL Quarterly* 16.1.1982, S. 79f. Vgl. aber auch schon Herwig Wulf 1978: „'They can die.' – 'Very good.' Zur Sprache des Lehrers im modernen Fremdsprachenunterricht". *Praxis* 1978, S. 371f.

sich nur wenige, – zwar gehäuft bei dem unter 3.4 zitierten verärgerten Lehrer, aber dort handelt es sich um unterrichtsorganisatorische Belange (S. 49). Im Unterrichtsausschnitt S. 68 findet sich ein *No*, ebenfalls im organisatorischen Bereich, sofort gefolgt von "I'm sorry". Die klarsten Beispiele finden sich in dem Protokoll auf S. 69ff. in einer Grammatik-Übungsphase. Dort muss das *-s* für die 3. Person Singular Präsens mehrfach angemahnt werden und bei der Suche nach einem Verb, das mit einem Zischlaut endet, wird das Wort *horse* nicht akzeptiert. Eine Verneinung wird jedoch nicht gebraucht.

Interessant in derselben Unterrichtszene ist auch diese Reaktion:

    P Tom collect stamps.   T Stamps is OK, but ...

Hier wird versucht, wenigstens einen Teil der Antwort anzuerkennen. Das Bemühen wird deutlich, den Schüler nicht zu verletzen und ihm doch eine klare Auskunft über die Richtigkeit seiner Aussage zu machen.

Dies trifft sich mit den Beobachtungen Oomen-Welkes:

> Die meisten befragten Lehrpersonen betrachten es nach eigenen Aussagen als ausgesprochen problematisch, Schüleräußerungen als falsch zu klassifizieren, weil das das Selbstbild und die Leistungsmotivation der Schüler beeinträchtigen könnte. Sie lassen das Falsche lieber beiseite und bestätigen brauchbare Aspekte oder Teile der Äußerung.[177]

Problematisch wird dieses Bemühen erst in solchen Phasen, die als Meinungsaustausch oder Konversation gedacht sind. In einer Stunde über die *Aborigines* in Australien akzeptiert die Unterrichtende folgende Schüleraussagen:

> They [die Australier in den Reservaten] haven't any money.
>
> No work.
>
> They do not have any food.
>
> They have no rights.

Abgesehen von den landeskundlich unhaltbaren Behauptungen sind diese Aussagen auch sprachlich sicherlich nicht das, was die Schüler tatsächlich meinen. Sich differenzierter auszudrücken ist weniger bequem, sollte aber eindeutig Neuntklässlern abzuverlangen sein. Es ist wohl kaum jenseits ihrer Möglichkeiten, *No* durch *not enough* oder *very little* zu ersetzen. (Moniert wurde hier übrigens nur, dass "no work" kein ganzer Satz sei.) Hier hätte die Lehrerin nachstoßen und auf weniger pauschale Aussagen dringen können und wäre auf diese Weise zu längeren und differenzierteren Äußerungen gelangt.

---

[177] „Deutscher Unterricht als (inter)kulturelle Praxis". In: Albert Bremerich-Vos (Hg.): *Handlungsfeld Deutschunterricht im Kontext. Festschrift für Hubert Ivo.* Frankfurt am Main: Diesterweg 1993, S. 158.

Anstelle des kritiklosen Akzeptierens ist die Praxis häufig anzutreffen, dass der Lehrer eine falsche Ausdrucksweise mit *yes* oder *good* quittiert und fortfährt: "or you can say" mit anschließend korrekter Formulierung. Damit wird dem Schüler seine Fehlleistung nicht bewusst gemacht.

Bezeichnenderweise weisen die gängigen Unterrichtsphraseologien gerade in diesem Bereich große Lücken auf.[178] Es werden kaum Vorschläge gemacht, wie man Zurückweisungen formulieren könnte. Offenbar waren auch die Autoren dieser Phraseologien der Meinung, dass man mit Zurückweisungen sparsam sein müsse. Der passendere Begriff wäre „behutsam", denn sicherlich dürfen Zurückweisungen nicht schroff sein. Gerade deswegen sollte die dazugehörige Lexik in den Phraseologien vertreten sein.

Sehr hilfreiche Wendungen finden sich jedoch in einem Aufsatz von Dermot Murphy, bezeichnenderweise in einem Abschnitt mit der Überschrift "maintaining communication."[179] Neben *I see what you mean, I know what you're getting at, That's a good point, I hadn't thought of that* steht da auch

> I'm not sure what you mean.
> I don't understand.
> Sorry, but ...
> You bought the tickets for what?
> I don't think that is the case.
> Isn't that a little exaggerated?
> Don't change the subject.
> What's that got to do with it?
> Could you put that another way?[180]

Murphy kommentiert diese Ausdrücke hinsichtlich ihrer Wirkung auf den Gesprächspartner und stellt sie *you're right / wrong* gegenüber. Sie sind entschieden höflicher und bemängeln sprachliche Ungenauigkeiten nicht als Fehler, sondern bekunden das Interesse des Gesprächspartners an der Klarheit der Aussage. Unter solchen

---

[178] Vgl. die Bibliographie unter "Classroom Phrases". Um nur einige herauszugreifen: Cass macht hier keinen Vorschlag. Bei Catliff/Thorne unter *Language of Criticism and Correction,* bei Clarke/Preedy unter *Being Mildly Critical* und *Being Overtly Critical* finden sich fast ausschließlich Wendungen, die sich auf schriftliche Aufgaben (*your work*) beziehen (S. 55). Ähnlich sieht es bei Hughes aus. Bei Gressmann findet man unter "asking for opinions" nur *to disagree*, unter "encouragement and criticism" *I agree but* und dann gleich *appalling work, your results are abysmal, you've reached rock-bottom*, und einige verwendbare Wendungen unter „Nützliche Wendungen für die Sprechfertigkeitsprüfung; Klärung und Abgrenzung der Aufgabenstellung; Richtigstellung und Präzisierung; Kritik: Anmeldung von Zweifeln; Aufforderung zur Überprüfung und Korrektur". Diese Wendungen sind aber nicht für das Unterrichtsgespräch gedacht und daher überwiegend wertend, nicht inhaltsbezogen. Vgl. aber den Anhang S. 153f.

[179] Dermot F. Murphy: "Communication and correction in the classroom". *ELTJ* 40/2.1986, S. 148f.

[180] *Ebd.*

Umständen fällt es natürlich auch zurückhaltenden Leuten leichter, das Gespräch fortzusetzen, um die gewünschte Klarheit zu erzielen.

Natürlich kann ein Gespräch auch bei völliger Übereinstimmung fortgeführt werden. "I couldn't agree with you more" wäre ein Schlussstrich, aber in der Klasse bietet sich die Weitergabe an andere Schüler an. Es wird ja unter ihnen öfter einmal jemand sein, der nicht so überzeugt ist. Erst wenn das nicht der Fall ist, sind wir an dem Punkt, wo eine neue Initiative notwendig wird. Es ist aber ein Unterschied, ob ich zuerst einmal alle Möglichkeiten der Weiterführung ausschöpfe, oder ob ich von vornherein jede neue Aussage gleich wieder abschließe.

9 Fehlerkorrektur

He who makes no mistakes makes nothing.

Über den Umgang mit Fehlern gibt es eine umfangreiche und weitläufige Literatur, die sich mit Ursachen, Analysen und Wertungen befasst. Auch zu den verschiedenen Techniken der Fehlerkorrektur gibt es bemerkenswerte Abhandlungen, unter den neuesten eine von Karen Kleppin.[181] Uns soll in unserem gewählten Rahmen die Fehlerkorrektur nur so weit beschäftigen, wie sie für den kommunikativen Unterricht relevant ist.

9.1 Korrektur, ja oder nein?

Wir begeben uns mit dem Thema Fehlerkorrektur wieder auf ein Gebiet großer Uneinigkeit. Es gibt Fachvertreter, die meinen, man solle Fehler überhaupt nicht korrigieren, es nütze sowieso nichts.[182] Es gibt aber auch Praktiker, die jeden einzigen Fehler korrigieren. Um es gleich zu sagen: Beide Extreme sind schwer vertretbar.

Die Enttäuschung vieler, wenn nicht der meisten Lehrer ist verständlich, wenn trotz aller Korrektur immer wieder dieselben Fehler gemacht werden. Alle Fehler passieren zu lassen, hätte demgegenüber den Vorteil, dass man sich nicht nur Mühe sparen, sondern vor allem auch einen Dialog ohne Unterbrechung führen könnte. Wenn endlich ein Gespräch, ob echt oder simuliert, in Gang kommt, ist es doch schade, wenn es dann gleich wieder der Sprache wegen unterbrochen wird.

Dem steht gegenüber, dass die Lerner im Allgemeinen erwarten, dass ihre Fehler korrigiert werden:

> Few (with some notable exceptions) would deny that providing feedback on form has a place in language teaching.[183]

> Trotz alledem ist der Wunsch nach Korrekturen und die Überzeugung, dass Korrekturen einen wichtigen Einfluß auf ihr Lernen haben, bei den meisten Lernern vorhanden.[184]

Auf der anderen Seite wieder konstatiert Chaudron:

---

[181] Karen Kleppin: „Mündlich korrigieren: Ja, aber wie? Anregungen zum Nachdenken über das eigene Korrekturverhalten". In: Udo O. H. Jung (Hg.): *Praktische Handreichung für Fremdsprachenlehrer*. Frankfurt/M., Berlin: Peter Lang 1998, S. 323-328.
[182] Dahin tendieren z. B. Dulay/Burt/Krashen in *Language Two* (New York, Oxford: OUP 1982, S. 35f.). Sie begründen allerdings ihre Auffassung mit Hinweisen auf die Korrektur schriftlicher Arbeiten und auf Korrekturen in einer Art und Weise, wie sie hier nicht empfohlen wird.
[183] Richard Cullen: "Teacher talk and the classroom context". *ELTJ* 52/3. 1998, S. 183.
[184] Karen Kleppin, *ebd.*, S. 323.

> The greatest error teachers make may be the assumption that what occurs as "correction" in classroom interaction automatically leads to learning on the part of the student. [185]

Wir werden im Folgenden zu diskutieren haben, nicht ob überhaupt korrigiert werden soll, sondern wie, aus jeweils welchem Anlaß, wie oft und durch wen. Wir beginnen mit einem Beispiel aus der Fachliteratur.

Dinsmore hat eine Szene aufgezeichnet, in der ein Lehrer mit seinen Kursteilnehmern ein Interview spielt:

1	TA	fine. ok. right. mister Kato. I will interview you ok. ok so + fine. so + excuse me now. could you. could you please tell me ahm what your present job is
2	S1	I am a buyer and salesman
3	TA	ah ha. I see. and. ah. please can you give me your. ahm. full name
4	S1	my name is Kazuhiro Kato
5	TA	Kazuhiro kato + h. how do you spell Kazuhiro please
6	S1	ahm K.A.Z.U.H.I.R.O.
7	TA	uh huh I see. when were you born
8	S1	I was born in six. in January. ah. six of January in 195. 54
9	TA	ok. what's the preposition. I was born +
10	S1	I was born in January
11	TA	I was born in January. and what's the day
12	S1	I was born in January sixth
13	TA	ok look. wrong preposition.[186]

Schon bei der dritten Frage verhaspelt sich der Kursteilnehmer bei der Angabe seines Geburtsdatums. Der Lehrer vergisst augenblicklich seine Rolle als Interviewpartner, oder anders ausgedrückt, er verlässt die Ebene der Simulation, in der es um Inhalte geht, und wechselt über auf die Ebene des Sprachunterrichts, wo es um die korrekte Form geht.

Der Unterrichtsausschnitt ist also ein typisches Beispiel, wie durch Fehlerkorrektur und, damit verbunden, *plane change* die Simulation zusammenbricht. Gleichzeitig sieht man auch, dass man so nicht korrigieren darf. Das Interview ist in Zeile 10 zu Ende, die Fehlerkorrektur im Original bei Dinsmore in Zeile 38! Sie ist geprägt von einem ständigen Hin und Her, wobei der Korrigierte offensichtlich nicht versteht, was er eigentlich falsch macht, und in seiner Aufregung in weitere Fehler stolpert. Hier ist mit Sicherheit davon auszugehen, dass der Kursteilnehmer durch diese Prozedur nichts lernt.

---

[185] Craig Chaudron: *Second Language Classrooms. Research on teaching and learning.* Cambridge, New York: Cambridge University Press 1988, S. 152f.
[186] D. Dinsmore: "Waitung for Godot in the ELT classroom". *ELTJ* 39/4.1985, S. 229.

9.2 Korrekturtypen

In der Fachdidaktik werden vier Arten der Korrektur unterschieden:

1. Die fremdinitiierte Fremdkorrektur (*other-initiated other-repair*). Der Sprecher bemerkt seinen Fehler nicht. Sein Partner „spießt ihn auf" und nennt ihm die korrekte Variante.
2. Die selbstinitiierte Fremdkorrektur (*self-initiated other-repair*). Hier bemerkt der Sprecher seinen Fehler, wird aber von jemand anderem korrigiert.
3. Bei der fremdinitiierten Selbstkorrektur (*other-initiated self-repair*) wird der Sprecher auf seinen Fehler aufmerksam gemacht. Daraufhin verbessert er sich selbst.
4. Bei der selbstinitiierten Selbstkorrektur (*self-initiated self-repair*) bemerkt der Sprecher seinen Fehler selbst und korrigiert ihn ohne Hilfe von außen.

Was die Terminologie angeht, so soll hier nicht der Schluss gezogen werden, im Englischen gäbe es den Begriff *correction* nicht und er werde durch *repair* vertreten. *Correction* im engeren Sinne beschränkt sich auf die Korrektur rein linguistischer Fehler. *Repair* schließt dies ein, aber bezeichnet darüber hinaus jede Maßnahme, die getroffen wird, um kommunikative Störungen zu identifizieren und zu beheben.[187] Die Unterscheidung ist für praktische Zwecke jedoch nicht allzu nützlich, weil sie in vielen Fällen nicht leicht zu treffen ist und weil der Fremdsprachenunterricht beides verfolgt, *accuracy* und *fluency*: die Fähigkeit, sich korrekt auszudrücken und die, kommunikativ kompetent zu sein. Im übrigen verwendet die englischsprachige Fachliteratur den Begriff *repair* weit öfter als *correction*, auch wenn es sich um rein sprachliche Fehler handelt. Das geschieht zum Teil deswegen, weil *correction* im engeren Sinne außerhalb der Schule fast nicht vorkommt, Kommunikationsstörungen aber auch im täglichen Leben auftreten und in verschiedenen Untersuchungen mit einbezogen wurden.

Die vier Korrekturtypen treten in der Schule nicht gleichmäßig verteilt auf.

Die fremdinitiierte Fremdkorrektur (1.) sieht z. B. so aus:

T	Where does Joe want to go, Nilly?
Nilly	Joe want to go ...
T	Wants
Nilly	... wants to go to Italy
T	Joe wants to go to Italy. Where does Bill want to go, Bernard?
Bernard	Bill want to go ...
T	Wants!
Bernard	... wants to go to Africa.
T	Bill wants to go to Africa.

---
[187] Vgl. Rod Ellis: *The Study of Second Language Acquisition*. Oxford: Oxford University Press 1994, S. 584.

Diese Korrekturtechnik begegnet uns hier gleich zweimal. Der Lehrer hakt sofort nach dem Fehler ein und korrigiert ihn selbst, in diesem Fall noch bevor der Schüler seinen Satz beendet. Derselbe Fehler tritt gleich danach auf, und der Lehrer korrigiert ihn auf dieselbe Weise.

Wenn Schüler beim lauten Vorlesen Aussprachefehler machen, ist es die Regel, dass der Lehrer entweder unterbricht oder am Ende die korrekte Aussprache vorspricht und wiederholen lässt. Da sich allmählich die Erkenntnis durchgesetzt haben dürfte, dass das laute Vorlesen fast ausnahmslos eine Einladung zum Fehlermachen ist und eine spezielle Fertigkeit bedeutet, die der Schüler in der Fremdsprache nicht zu beherrschen braucht, wird sich diese Situation nicht mehr so häufig ergeben.

Fremdkorrekturen können auch von Schülern vorgenommen werden.

> Sonja   Tom collect stamps.
> T   Stamps is OK, but + Nelly.
> Nelly   Tom collects stamps.

Die Lehrerin sagt, welcher Teil des Satzes falsch ist, und eine andere Schülerin korrigiert.

Diese Art der Korrektur ist nicht allzu häufig. Sie hat für den Lehrer den Vorteil, dass er von anderen Schülern eine Rückmeldung darüber erhält, ob auch sie an dieser Stelle Schwierigkeiten haben oder nicht; für die Schüler, dass sie an der kleinen Problemlösung beteiligt werden und der Vorgang nicht zur Privatsache zwischen dem einen Schüler und dem Lehrer wird. Sie hat aber auch den Nachteil, dass derjenige, der den Fehler gemacht hat, dann als der Blamierte dasteht, der seinen Fehler nicht berichtigen konnte. Das gilt zum mindesten für den Frontalunterricht; in kleineren Gruppen ist die gegenseitige Korrektur von besonderer Bedeutung. Wir kommen darauf unter 10.5 zurück.

Zur fremdinitiierten Fremdkorrektur muss man wohl auch die Fälle rechnen, wo der Lehrer zwar nicht die korrekte Form ausspricht, aber nach einem Verstoß eine Korrekturanweisung gibt. So wurden in einer Stunde folgende Korrekturanweisungen gegeben:

> Use the correct tense.
> Past tense.
> Use the -ing form.
> No, it's in the past.

Bei dieser Art der Korrektur wird dem Schüler nicht begreiflich gemacht, warum er etwas ändern solle. Solche Anweisungen werden dann unreflektiert ausgeführt, doch ist es äußerst zweifelhaft, ob der Schüler daraus ersehen kann, warum es so und nicht anders heißen musste. In dem ersten Beispiel (*Joe, Bill, Kate *want*) machen die Schüler denn auch denselben Fehler fünfmal in Folge.

So kann man generell die fremdinitiierte Fremdkorrektur als unwirksam betrachten. Hier liegt die Ursache für die Auffassung, dass Korrigieren nichts helfe.

Die selbstinitiierte Fremdkorrektur (2.) ist weniger häufig. Sie beschränkt sich auf die seltenen Vorfälle, wo ein Schüler wohl weiß, dass er etwas falsch formuliert, aber doch nicht weiß, wie er es besser sagen könnte. Derartige Fälle sind dann erkennbar, wenn der Schüler die Frage nach dem Richtigen von sich aus stellt. Solche *clarification requests* sollten im Unterricht gefördert werden. Die Dinge, die jemand wissen will, sind ihm ja wichtig und bleiben daher auch besser im Gedächtnis haften.

Die selbstinitiierte Selbstkorrektur (4.) findet sich in unseren Mitschnitten fast nur bei Lehrern. Die zu lernende Sprache ist für sie ja nicht neu, aber dennoch können sie sich ab und zu vertun. So etwas passiert besonders dann leicht – ob man nun seine Aufmerksamkeit auf einen anderen Fehler oder auf den Inhalt richtet –, wenn man einen Ausdruck zunächst unreflektiert von einem Schüler übernimmt.

> P She must make the flowers.
> T She must not make flowers. She cannot make flowers.
>
> P Are there some seats left?
> T Yes, and are there some seats left + any + are there any seats left?

Zur selbstinitiierten Selbstkorrektur bei Schülern liegen zwei Beispiele aus dem Gymnasium vor:

Kl. 12 (*ein Gespräch über Werbung*)

> P In a commercial one would read the text slower – er – more slowly
> T Very good!

Kl. 13 (*das Thema sind die Anglo-Inder*)

> P India is and was much influenced by Britain. It – she – became member of the Commonwealth and keeps in close contact with Britain.

Beide Selbstkorrekturen sind zufällig ganz überflüssig und zeugen von einem Pochen auf übertriebener *accuracy*. Die tatsächlichen Fehler im zweiten Fall bleiben unbeachtet.

Die fremdinitiierte Selbstkorrektur (3.) ist die am häufigsten anzutreffende Art. Gewöhnlich ist es der Lehrer, der den Fehler bemerkt, aber er gibt dem Schüler die Chance, sich selbst zu verbessern. Die Selbstkorrektur "gives the learner a chance to restore face"[188]. Wenn es ihm gelingt, hat er doch ein gewisses Erfolgserlebnis, und der Lehrer bekommt darüber Auskunft, was der Schüler eigentlich schon kann.

---

[188] Gabriele Kasper: "Repair in Foreign Language Teaching". In: Gabriele Kasper (Hg.): *Learning, Teaching and Communication in the Foreign Language Classroom.* Aarhus: Aarhus University Press 1986, S. 29.

Wichtig dabei ist aber nicht, wie der Schüler auf seinen Fehler aufmerksam gemacht wird. Dies kann durch ein Stirnrunzeln angedeutet werden, durch einen fragenden Blick oder auch in Worten.

> *(Während einer Dolmetschübung)*
> P Where did you lost it?   T *(runzelt die Stirn)*   P Where did you lose it?

Entscheidend ist vielmehr, dass dem Schüler klar wird, dass seine Sprechintention nicht ankommt. Verhaltene Zurückweisungen, wie wir sie oben gesehen haben (vgl. 8.2), helfen ihm dabei nicht. Er sollte schon in der Schule deutlich erkennen, was geht und was nicht geht. Es wird dem Schüler ein Bärendienst erwiesen, wenn man ihm nicht zeigt, dass seine Antwort defizitär ist. Wie unangenehm sich die Unkenntnis darüber in der Realität, etwa bei einem Aufenthalt im englischsprachigen Ausland, auswirken kann, hat Beneke gezeigt.[189] Hier wird die Relevanz der *comprehensible output hypothesis* deutlich. Sie verlangt geradezu nach der Erfahrung, dass eine Sprechabsicht nicht ankommt.[190] Außerdem ist dies immer ein guter Anlass, zurückzufragen, nachzustoßen, zu klären, was eigentlich gemeint ist (*negotiation of meaning*). Auf diesem Wege entstehen nämlich Rede und Gegenrede, ein Hin und Her, ein *give and take*, wie es in der Wechselrede des täglichen Umgangs die Regel ist. Gegenüber *good, good, good* sind *Follow-ups* wertvoller wie "What of it? / What do you mean? / Are you sure? / I don't get it / I can't follow you there / Is that what you mean?" etc. Wir haben weiter oben schon die Formulierungsvorschläge Murphys wiedergegeben (unter 8.2). Der Schüler erhält jedenfalls auf diese Weise die Chance, sich selbst zu korrigieren (*self-repair*, vgl. 9.5).

Dass es darauf ankommt, nicht explizit zu korrigieren, belegen Studien, von denen Tony Lynch berichtet.[191] Dort wurden die Lehrer gebeten, keine Korrekturen vorzunehmen, sondern gegebenenfalls nur Missverstehen zu signalisieren (z. B. "I'm sorry?"). Einige Lernende konnten sich ohne Hilfe selbst korrigieren und die korrekte Form auch nach einer Woche wieder anwenden. Das spricht dafür, dass die Selbstkorrektur auch zu besserem Behalten führt.

Lynch resümiert:

> Implicit negative feedback such as a request for clarification can be a more effective teaching device than explicit correction. By indicating a problem, but not immediately providing the solution, teachers may do more to facilitate learners' progress.[192]

---

[189] Jürgen Beneke: „Verstehen und Mißverstehen im Englischunterricht". *Praxis* 1975, S. 351-362.
[190] Vgl. unten, Abschnitt 9.4.
[191] Tony Lynch: *Communication in the Language Classroom*. Oxford: OUP 1996, S. 76f.
[192] *Ebd.*, S. 118.

Hier ist ein gelungenes Beispiel aus einer Hauptschule:

    T When do you get up in the morning?   P Half past seven.
    T Half past seven? This is when school begins.   P Half past six.

Die Schülerin hat offenbar gemerkt, dass ihre Aussage eine andere Bedeutung hatte, als sie ausdrücken wollte, dass *half past seven* eben nicht *halb sieben* ist, auch wenn es sich so ähnlich anhört. Da hier die Übungssituation dazu genutzt worden war, die Schüler über ihr tatsächliches Leben zu befragen, betrifft die korrekte Formulierung der Uhrzeit sie auch persönlich. Damit ist nicht nur der Fehler korrigiert, sondern auch die Chance erhöht, dass die richtige Form auch behalten wird. – Es liegt hier natürlich noch ein zweiter Fehler vor, die vergessene Präposition. Die Lehrerin ignoriert ihn, um die Schülerin nicht zu überfordern. Das Lernziel sind offenbar die Uhrzeiten, und die berichtigte Aussage ist für die Kommunikation ungleich wichtiger als das fehlende *at*. In den beiden von Finger zitierten Unterrichtsausschnitten (S. 24f.) werden auch die Uhrzeiten geübt, nicht aber als adverbiale Bestimmung mit *at*. Der hier verbliebene Fehler könnte auf solche Übungen zurückgehen, die die Angabe der Uhrzeit in zusammenhängenden Mitteilungen nicht berücksichtigen.

9.3   Korrektur in Abhängigkeit von der Unterrichtssituation

Wichtiger als die Unterscheidung zwischen verschiedenen Korrekturtypen ist wohl die zwischen verschiedenen Unterrichtssituationen, in denen die Fehlerkorrektur einen anderen Stellenwert hat. Da ist zum einen die vorkommunikative Übungssituation und zum andern das Unterrichtsgespräch oder die Konversation (*conversation*) in der Klasse.

In Übungssituationen werden ja ganz bestimmte sprachliche Ziele verfolgt, und eine Abweichung von diesen Zielen würde die Lehrabsicht verwässern. Übt man die Bildung des *past tense* ein, kann man nicht **heared* oder **seed* passieren lassen, auch wenn diese Formen verständlich wären. Ebensowenig kann man "**Yesterday I have been ...*" übergehen, wenn es darum geht zu lernen, wofür das *past tense* zuständig ist.

Dies gilt nicht für Korrekturen während einer Unterhaltung. Es ist selbstverständlich, dass man hier äußerst vorsichtig zu Werke geht und sich überlegt, wie man in Gesprächen außerhalb der Schule mit Fehlern umgeht. Es ist ja nicht so, dass sie nicht vorkämen, und auch nicht so, dass man in jedem Fall über sie hinwegsehen könnte. Mängel in der Aussprache, in der Wortwahl, im Ausdruck, gelegentlich auch in der Grammatik, zumal bei Sprechern verschiedener Dialekte, stören die Kommunikation, erschweren das Verständnis oder machen es sogar unmöglich (*communicative breakdown*). Das wird nicht ignoriert, sondern man stellt Rückfragen (*clarification requests*) oder signalisiert auf andere Weise, wenn man Verständnisschwierigkeiten hat. Genau das lässt sich auch in einem Unterrichtsgespräch so handhaben. Sprachliche Fehler werden im Idealfall auch dort nicht formal behandelt ("wrong preposition"), sondern indem man dem Schüler als Gesprächspartner klarmacht, dass seine Sprechabsicht nicht erkennbar ist. Im gemeinsamen Gespräch selber wird dann versucht, das Missverständnis zu klären (*clarification*) und die treffende Ausdrucksweise zu finden (*negotiation*).

Laut Kleppin sind viele Lehrer der Überzeugung, dass sie sich in ihrer Korrekturtätigkeit je nach Unterrichtsphase anders verhalten. „Wenige Korrekturen in freien Phasen, stärkere Korrekturtätigkeit in gelenkteren Phasen."[193] Diese Unterscheidung ist tatsächlich wünschenswert und zeigt sich am ehesten, wenn die Lehrer in Personalunion Sprach- und Sachfachunterricht geben. Vor einigen Jahren ergab eine Befragung in Kornwestheim, dass die Schüler deutlich spürten, dass sie im Sachfach ihr Englisch freier handhaben durften und demzufolge auch den Mut hatten, mehr zu sprechen.

Es gibt zu beiden Korrekturstilen schöne Parallelen aus Mutter-Kind-Dialogen. D. R. Richards hat einen solchen veröffentlicht, in dem die Mutter eine formale Korrektur versucht und scheitert:

Child: Nobody don't like me.
Mother: No, say "Nobody likes me."
Child: Nobody don't like me.
... (*This dialogue is repeated no less than eight times*) ...
Mother: Now listen carefully. Say: "Nobody likes me."
Child: Oh! Nobody don't likes me![194]

Ein anderes Beispiel zeigt, wie durch Rückfragen und Vorschläge, was gemeint sein könnte, Mutter und Kind die Kommunikation in Ordnung bringen, „reparieren".

Mother: Did Billy have his egg cut up for him at breakfast?
Child: Yes, I showeds him.
Mother: You what?
Child: I showed him.
Mother: You showed him?
Child: I seed him.

---

[193] Karen Kleppin: „Mündlich korrigieren: Ja, aber wie? Anregungen zum Nachdenken über das eigene Korrekturverhalten". In: Udo O. H. Jung (Hg.): *Praktische Handreichung für Fremdsprachenlehrer.* Frankfurt/M., Berlin: Peter Lang 1998, S. 323.
[194] D. R. Richards: "On Communicative Efficiency and the Treatment of Error". *Audiovisual Language Journal* 78/3.1977, S. 246. – Parallele Situationen sind offenbar gar nicht so selten und sind daher schon in die mündliche Überlieferung übergegangen. Folgender Dialog soll sich zwischen einer Hausgehilfin und ihrer Arbeitgeberin abgespielt haben:
H: Er liebt mir.   A: Mich!
H: Ihnen?   A: Nein, Sie!
H: Na also doch mir!

Mother: Ah, you saw him.
Child: Yes, I saw him.[195]

Es fällt leicht, im ersten Beispiel von Korrektur zu reden, in zweiten von Reparatur. Hier, wie im Unterricht, hat die Reparatur den großen Vorteil, dass man im Gespräch bleibt und nicht aus der Rolle fällt. Außerdem lernt der Schüler dabei die Strategien und Redemittel, die angewendet werden müssen, um im Gespräch mit *native speakers* die unvermeidlichen Verständnisschwierigkeiten zu überwinden. Das ist bei der Korrektur im engeren Sinne nicht der Fall.

Ein eigenartiges Phänomen sind Korrekturen von Fehlern, die gar nicht gemacht worden sind.

T "From Monday till Friday Mr Hill gets up at half past six every day." Look here: I'm standing up. You stand up from a chair. You get up from your bed. Have you got it?

PP Yes.

T You can't say ‚I get up' when you stand up from a chair. Ja? And you don't stand up when you are in bed. Ja? You say get up from your bed. OK? You get up in the morning. So he gets up at six, he makes breakfast ...

Der Lehrerin geht es offenbar darum, dass die Schüler auf die divergente Lernstruktur von *aufstehen* und *stand up / get up* aufmerksam werden. Sie geht davon aus, dass die Schüler die genannten englischen Verben im Stillen für sich übersetzen (vgl. 4.2). Da aber diese Verben jeweils in ihrem typischen Kontext eingeführt und verwendet wurden, ist diese vermutete Assoziation bei den Schülern möglicherweise gar nicht vorhanden und wird erst jetzt suggeriert. Auf jeden Fall mutet diese Szene etwas eigenartig an, weil sie durch nichts veranlasst wird. Vielleicht wäre es doch besser zu warten, bis der Fehler eintritt, weil eigentlich nur dann den Schülern bewusst wird, dass hier eine Gefahrenquelle vorliegen kann.

Dieselbe Tendenz kann eine skurrile Form annehmen:

T Does anybody remember the name of the disco?

P Black Cat.

T The Black Cat, ja, die schwarze Katz. When you go there the evening is for the cat. Was heißt das?

P Für die Katze ist der Abend.

T Für die Katze. Das gibt es auf Englisch aber nicht. No, I mean, just the evening was for the cat. Really we could say ‚Er war für die...', but you cannot transform that into American or English. That means it wasn't worthwhile going there. You didn't have fun. It was for the cat. It was just nothing. They don't have that in America.

---

[195] D. R. Richards, *ebd.*, S. 247.

Auch dieser Lehrer korrigiert vorbeugend, beschwört jedoch durch die mehrfache Wiederholung der unenglischen Wendung den Fehler erst herauf.

Eine Beobachtung Keith Johnsons verdient besondere Beachtung. Man kann Fehler korrigieren, um Verstöße gegen Lexik und Grammatik zu beseitigen, und dabei die ursprüngliche Struktur der Schüleräußerung erhalten. Eine solche Korrektur informiert den Schüler darüber, was er falsch gemacht hat und vielleicht (hoffentlich!) auch warum. Was er aber nicht erfährt, ist, wie ein *native speaker* dieselbe Sprechabsicht ausgedrückt hätte. Ein typisches Beispiel ist der häufige Fehler: "*Who of you has forgotten their homework?" Die Korrektur würde daraus machen: "Which of you" oder einfach "Who has ...?" Ein *native speaker* würde aber eher sagen: "Has anyone forgotten their homework?" Johnson empfiehlt hier statt der Korrektur *reformulation*:

> What reformulation offers ... is information on how a proficient speaker would have said the same thing. Reformulation provides a model of what the behaviour should look like; and though its clearest use is for writing, there is no reason why spoken language should not be reformulated.[196]

Allerdings kann *reformulation* eben nur durch einen *proficient speaker* durchgeführt werden. Wir kommen auf *reformulation* (unter 9.6) noch einmal zurück.

Es bleibt noch die Frage zu erörtern, wie oft man Fehler korrigieren soll. Laut Chaudron sind viele Unterrichtsforscher darüber verwundert, wie inkonsequent Lehrer die Schüleräußerungen korrigieren, indem sie einmal einen Fehler im Gespräch ignorieren, dann aber denselben Fehler oder einen ähnlichen korrigieren, selbst um den Preis der Veränderung einer sinnvollen Mitteilung.[197] Ihm scheint Konsens darin zu bestehen, dass die Lehrer innerhalb eines anvisierten Fehlerbereichs konsequent sein und von den Schülern nicht verlangen sollten, dass sie Korrekturen behalten, wenn sie sich nicht vergewissert haben, ob die Schüler den Sinn der Korrektur überhaupt verstanden haben. Hinzu kommt aber noch, dass das Korrekturverhalten mancher Lehrer mehrdeutig ist. Die Wiederholung der Schülerantwort kann eine Korrektur sein, aber ebensogut die Hervorhebung der Aussage als Modell. Oft wird nicht genau gesagt, an welcher Stelle sich die fehlerhafte Abweichung befindet. Wir haben schon oben bemerkt, dass häufig positive Reaktionen abgegeben werden, obwohl die Äußerung falsch ist. Ein Fehler kann in einer Phase der Stunde korrigiert werden, in einer anderen nicht.

Andere Forscher halten Inkonsequenz für unvermeidbar und sogar wünschenswert.[198] Dadurch zeige sich, dass die Lehrer auf verschiedene Lerntypen Rücksicht nähmen. Und wenn man sprachliche Übungsphasen von Phasen der Kommunikati-

---

[196] "Mistake correction". *ELTJ* 42/2.1988, S. 92.
[197] Craig Chaudron: *Second Language Classrooms. Research on teaching and learning.* Cambridge, New York: Cambridge University Press 1988, S. 149.
[198] Vgl. Rod Ellis: *The Study of Second Language Acquisition.* Oxford: Oxford University Press 1994, S. 586.

on unterscheidet, wie wir es getan haben, so ist manche Art der Inkonsequenz nur konsequent.

Wenn man der Forschung demnach keine verlässliche Richtlinie entnehmen kann, so bleibt doch die Unterscheidung zwischen sprachlichen Übungsphasen und Konversationsphasen maßgeblich, also Korrektur nach linguistischen Gesichtspunkten in der einen, nach kommunikativen Gesichtspunkten in der anderen (bei fließenden Übergängen auch fließende Grenzen im Korrekturverhalten).

9.4 Die *comprehensible output hypothesis* und Selbstreparatur

Failure teaches success.

Nach Merrill Swain[199] (1985) ist die Erfahrung einer misslungenen Mitteilung für das Lernen eine wichtige Voraussetzung. Nach ihrer *Comprehensible Output Hypothesis* fühlt sich der Lernende erst bei aktivem Sprachgebrauch genötigt, auf die Ausdrucksformen zu achten, die er braucht, um seine Absichten zu formulieren. Von besonderer Bedeutung in diesem Kommunikationsprozess sind dann

> "those interactions where there has been a communicative breakdown – where the learner has received some negative input – and the learner is pushed to use alternate means to get across his or her message."[200]

Eine Reihe von Untersuchungen, die unter diesem Blickwinkel gemacht wurden, haben erbracht, dass bei Konversationen zwischen *native* und *non-native speakers* Verständigungsprobleme (*negative input*) die Sprecher dazu veranlassten, sich verständlicher auszudrücken, und dass sie in etwa der Hälfte dieser Versuche wirklich die korrekte Form fanden. Weitere Untersuchungen haben ergeben, dass solche Selbst-Reparaturen auf Grund von kommunikativen Misserfolgen nicht vergessen werden.[201]

Schon Billows hatte gesagt:

> If the need for the language we use is urgently felt it is learnt quickly.[202]

---

[199] "Communicative Competence: some roles of comprehensible input and comprehensible output in its development". In: S. M. Gass/C. G. Madden (Hgg.): Input in second language acquisition. Rowley, Mass.: Newbury House 1985, S. 235-253. Referiert bei Tony Lynch: "Nudge, nudge: teacher interventions in task-based learner talk". *ELTJ* 51/4.1997, S. 317-319.
[200] Zitiert bei Tony Lynch: "Nudge, nudge: teacher interventions in task-based learner talk". *ELTJ* 51/4.1997, S. 318.
[201] *Ebd.*, S. 319.
[202] F. L. Billows: *The Techniques of Language Teaching*. London: Longman 1961, S. 7.

Dies trifft sich in auffallender Weise mit den Vorstellungen des Konstruktivismus, nach dem sich der Mensch das merkt, von dem er erkannt hat, dass er es für sein Überleben braucht.[203]

Es bestätigt sich wieder, dass es nicht zweckmäßig sein kann, Fehler, die die Kommunikation behindern, entweder aus Freundlichkeit zu ignorieren oder deswegen, weil man aufgrund der gemeinsamen Muttersprache zwischen Lehrer und Schüler schon weiß, was gemeint ist.[204]

Ein Ausländer ohne Deutschkenntnisse versteht dann aber nicht, und die Kommunikation bricht völlig zusammen.

Auf solche Situationen kann der schulische Unterricht vorbereiten, wenn schon der Lehrer sich so verhält, wie es ein *native speaker* wahrscheinlich tun würde. Gleichwohl ist es nicht immer möglich, dass man den *native speaker* mimt und sich nicht anmerken lässt, dass man doch verstanden hat. Günter Nold zitiert eine Unterrichtsszene, in der ein englischer Lektor im Unterricht die Frage stellt, wie man denn einen Sitzplatz freihalten könne.

> P You put something on a seat.
> T You put something on a seat. What can you put on a seat?
> P A suit.
> T A suit. I must get undressed! (PP lachen). Not a suit but a ...
> P Suitcase.[205]

Die unerwartete Reaktion des Lehrers macht dem Schüler klar, dass er nicht gesagt hat, was er eigentlich meinte. Die Selbstkorrektur ist prompt.

Kleppin schlägt eine ganz ähnliche Korrekturmethode vor, die einerseits erkennen lässt, dass die Unterrichtsperson verstanden hat, andererseits aber auch spüren lässt, dass ein *native speaker* in die Irre geführt werden könnte. Diese Methode beschreibt sie – unter der Überschrift: „Korrektur unter Einsatz von Humor" – mit zwei Beispielen aus Deutsch als Fremdsprache:

> S: Ich habe meine deutschen Freunde über den Begriff Heimat interviewt, aber ich habe viele Probleme getroffen.
> L: Guten Tag, liebe Probleme (macht eine Begrüßungsgeste) (Schüler lachen). Nein, ihr habt Probleme gehabt, ihr seid auf Probleme gestoßen. Menschen kann man treffen.

---

[203] Es ist bezeichnend, dass unser ältester Sohn, als er während unseres Amerikaaufenthaltes in der Schule durch seine Lehrerin in den Pausen dankenswerter Weise etwas „Nachhilfe" erhielt, diese Lehrerin in Erstaunen versetzte: "He never forgets a word I teach him." Ihm ging es tatsächlich ums Überleben.
[204] Dazu ausführlicher Herwig Wulf: „'They can die.' – 'Very good.' Zur Sprache des Lehrers im modernen Fremdsprachenunterricht". *Praxis* 1978, S. 371f.
[205] „Beobachtungen zum Sprachverhalten des Lehrers im Englischunterricht". *NM* 32.1979, S. 246.

S: Wir kochen Weihnachten immer ein große Küche.

L: Ihr kocht eine große Küche? Die ist aber bestimmt schwer zu verdauen. Wie schmecken denn die Schränke? [Nach dem Gelächter folgt die Erklärung].[206]

Kleppin geht es offenbar weniger darum, den Lerner erleben zu lassen, dass die von ihm gewählte Ausdrucksweise nicht das Gemeinte aussagt, als darum, dass die Korrektur nicht verletzend wirkt. Dazu hat sie noch weitere Vorschläge. Das hat selbstverständlich seine Berechtigung. Wichtiger erscheint jedoch in unserem Zusammenhang, dass dem Lerner eigentlich ein *communicative breakdown* angezeigt wird, wenn auch in abgemilderter Form.

9.5 Schüler-Schüler-Korrektur

Wir sind bei unseren Betrachtungen mit einer Ausnahme bisher davon ausgegangen, dass Korrekturen jedesmal vom Lehrer vorgenommen werden. Das muss durchaus nicht immer der Fall sein. Ich besinne mich auf einen Kollegen im Gymnasium, der in der Klasse einen Schüler damit beauftragt hatte, immer wenn jemand *the* vor Vokal /ðə/ aussprach, ohne besondere Aufforderung /ði/! zu rufen, entsprechend auch bei *a* bzw. *an*. Als ich seine Klasse beim Schuljahrswechsel übernahm, setzte ich diese Tradition fort und musste feststellen, dass die Anlässe für diese Art von Schüler-Schüler-Korrektur langsam abnahmen. Ich bin nicht sicher, ob man diese Methode weiterempfehlen soll. Sie hat offenbar funktioniert, aber ich kann mir vorstellen, dass ein so beauftragter Schüler in der Klasse nicht an Beliebtheit gewinnt.

Natürlich kann man auch, sobald Fehler auftreten, von denen man weiß, dass andere Schüler sie nicht machen würden, diese anderen zur Korrektur auffordern. Auch hier lässt sich nicht ausschließen, dass auf den Korrektor das Odium des Besserwissers fällt und auf den Korrigierten das Stigma des Nichtkönners, der sich nicht selbst helfen kann. In der Lehrperson sehen die Schüler eher eine neutrale Instanz.

Eine große Chance hätte die Schüler-Schüler-Korrektur bei **Gruppenarbeit**. Gruppenarbeit hält in den Sprachunterricht zu Recht immer stärker Einzug und ist bei der ebenfalls zunehmenden Projektmethode unumgänglich. Tonbandaufzeichnungen davon haben sich bisher aber nicht gelohnt, weil diese Gruppenarbeit in der Regel auf Deutsch abläuft. Die verantwortlichen Lehrer dulden dies mit der Begründung, dass Eigeninitiative und die Beschäftigung mit landeskundlichen Themen wichtiger seien als die Ausübung der Fremdsprache. Im übrigen bekämen die Schüler am Ende jedesmal die Gelegenheit, ihre Ergebnisse den anderen vorzutragen, und das geschehe dann regelmäßig auf Englisch.

---

[206] Karen Kleppin: „Mündlich korrigieren: Ja, aber wie? Anregungen zum Nachdenken über das eigene Korrekturverhalten". In: Udo O. H. Jung (Hg.): *Praktische Handreichung für Fremdsprachenlehrer*. Frankfurt/M., Berlin: Peter Lang 1998, S. 326.

Das ist natürlich so weit anzuerkennen. Dennoch kann auch Gruppenarbeit in der Fremdsprache geleistet werden, wenn man von Anfang an darauf Wert legt, dass englisch gesprochen wird. Am Anfang werden nur kleinere Aufgaben in Gruppenarbeit zu lösen sein, so dass die damit verbundenen Redemittel auch leicht eingeführt und eingeübt werden können. Sie werden dann mit zunehmendem Lernfortschritt erweitert.

Dermot Murphy macht dazu einige praktische Vorschläge. Das Hauptproblem bei der Gruppenarbeit sei, dass mancher Schüler nicht wisse, wie er zu Wort kommen soll.

> Depending on the level of the learners, I then either give set phrases for a limited set of particular circumstances, or exemplify the circumstances and get them to suggest appropriate gambits. For example,
> 'If you don't understand what has just been said, say *Sorry, I didn't get that.* If you want the speaker to confirm you have the gist of the message, say *Do you mean ...?*'; or 'What do you say if you have not understood something?', 'What do you say if the speaker is taking a long time to say something?'.
> To begin with, the most useful gambits concern not having understood, or needing to clarify the message.[207]

Es ist anzunehmen, dass sich die Mühe lohnt. Man sollte sich nicht der besonderen Gelegenheit begeben, in der die Schüler ihnen gemäße Anliegen haben und ohne Führung miteinander kommunizieren. Hier *können* dann auch Korrekturen innerhalb der *peer*-Gruppe im kommunikativen Rahmen vonstatten gehen, kann es zur *negotiation of meaning* kommen, die als solche schon übenswert ist, weil sie im Ernstfall im englischsprachigen Ausland hochgradig relevant werden kann.

Chaudron konstatiert, dass es keine Untersuchungen über Erfolge bei der Korrektur durch Schüler im Vergleich zu der durch Lehrer gibt, berichtet aber von Forschungen, die alle demonstrieren, dass

> NNS [non-native speakers] will provide substantial amounts of feedback and other negotiation of meaning in interaction with one another.[208]

Nach denselben Studien findet gegenseitiges Korrigieren bei Gruppenarbeit häufiger statt als im Frontalunterricht. Es zeigten sich allerdings große Unterschiede von Gruppe zu Gruppe in der Aufmerksamkeit, die die Mitglieder einander im sprachlichen Bereich schenkten, was aber durch Training verbessert werden könnte. In der Gruppenarbeit brächten die Schüler eher lexikalische Fehler in Ordnung, während Lehrer genauso sehr auf Aussprache und Syntax achteten. Fast niemals jedoch träten in Gruppenarbeit Verschlimmbesserungen auf.

---

[207] Dermot F. Murphy: "Communication and correction in the classroom". *ELTJ* 40/2.1986, S. 150.
[208] Craig Chaudron: *Second Language Classrooms. Research on teaching and learning.* Cambridge, New York: Cambridge University Press 1988, S. 151.

Interessant ist dabei besonders, dass man nicht davon ausgehen kann, dass bei Gruppenarbeit zu wenig korrigiert würde und dass viele Korrekturen einfach falsch seien.

Dies sind starke Argumente dafür, dass man sich vermehrt darum bemühen sollte, auch bei Gruppenarbeit die Fremdsprache zu benutzen.

Man weiß inzwischen zwar, dass die enttäuschenden Ergebnisses von kanadischen Immersions-Programmen darauf zurückzuführen sind, dass dort die Schüler allzu lange auf sich selbst gestellt waren und so allmählich ein Pidgin entwickelten, das für die Kommunikation außerhalb der Klasse nicht geeignet war.[209] Dass aber in Deutschland die Gruppenarbeit ein vergleichbares Ausmaß annehmen könnte, diese Gefahr besteht vorerst nicht.

9.6 *Noticing*

Es wird manch einen stören, dass die Korrektur / Reparatur auf Grund von kommunikativen Misserfolgen ihrer Natur nach nur punktuell sein kann und vielleicht nicht schnell genug weiterführt. Schließlich kann das Lernen in der Schule (neben den bekannten Nachteilen) den Vorteil haben, dass durch Systematik und eine gezielte Progression die Lerner in kürzerer Zeit zu einer gewissen Kompetenz befähigt werden können (als bei natürlichem Spracherwerb, dem ganz andere Zeiträume zur Verfügung stehen).[210]

Eine Möglichkeit, das einsichtsvolle Lernen über Reparaturprozesse zu systematisieren, ist das *noticing*.[211] Dabei geht es darum, dass die Schüler durch bestimmte Aufgabenstellungen dazu gebracht werden, häufiger und leichter Unterschiede zwischen ihrem fremdsprachlichen Entwicklungsstand und der Zielsprache zu bemerken. Dazu gehören grundsätzlich zwei Aufgabentypen: *reformulation* und *reconstruction*.

---

[209] Vgl. S. 18.
[210] Nach Chaudron kann der Fremdsprachenunterricht dem natürlichen Spracherwerb überlegen sein: "Instructional contexts appeared [in den Untersuchungen, auf die Chaudron sich hier bezieht] to contribute more positively to acquisition of the L2 than naturalistic exposure, when duration of exposure and other factors (e.g., age) were controlled." *Second Language Classrooms. Research on teaching and learning.* Cambridge, New York: Cambridge University Press 1988, S. 4. Ähnlich auch Ellis: "To date, there are more arguments than evidence, although ... formal instruction does appear to result in faster learning and higher levels of achievement." *The Study of Second Language Acquisition.* Oxford: Oxford University Press 1994, S. 581.
[211] Vgl. Scott Thornbury: "Reformulation and reconstruction: tasks that promote 'noticing'". *ELTJ* 51/4.1997.

9.6.1 Reformulation

Bei *reformulation*-Aufgaben dürfen sich die Lerner über ein selbstgewähltes Thema auslassen. Der Lehrer wiederholt die Schüleräußerungen und formuliert sie um, wann immer nötig. Die Schüler vergleichen jetzt, an welchen Stellen der Lehrer ihre Formulierungen nicht stehen gelassen hat (*matching*). Das Interesse an diesem Vergleich ist deswegen verhältnismäßig hoch, weil die Schüler sich erinnern, an welchen Punkten sie Schwierigkeiten beim Formulieren hatten, und nun sehen wollen, wie das Problem gelöst wird.

Reformulation-Aufgaben sind zuerst für das Schreiben erdacht worden, können aber ohne weiteres auch mündlich bearbeitet werden. Dies ist auch der Kern des *Community Language Learning* (*CLL*), wo die Schüler gemeinsam einen Text verfassen und Satz für Satz auf Tonband aufnehmen. Der Lehrer korrigiert diesen Entwurf mit ihnen zusammen, und das Ergebnis wird an der Tafel festgehalten. Schon bei der Erstellung ihrer ersten Fassung werden die Schüler auf formale Probleme aufmerksam, so dass der Vergleich mit der Lehrerversion ihrem Interesse entspricht. Sie werden demzufolge auch ihre eigenen Fragen wegen der bemerkten Abweichungen stellen. Es darf angenommen werden, dass den Schülern eher zum *intake* wird, was sie selbst bemerkt haben, als was der Lehrer hervorzuheben für wichtig hält.

Damit das Ganze nun nicht doch wieder auf unsystematisches Lernen hinausläuft, kann man die Wahl der Gesprächsthemen einschränken, zum Beispiel auf die Planung eines Ausflugs, wodurch dann die Ausdrucksformen der Zukünftigkeit geübt werden. Außerdem kann der Lehrer beim Umformulieren planmäßig bestimmte sprachliche Erscheinungen einbauen oder bewusst vermeiden.

9.6.2 Reconstruction

Eine noch stärkere Lenkung ist möglich bei *reconstruction*-Aufgaben. In dem Falle legt der Lehrer einen eigenen oder einen von ihm ausgewählten Text vor. Die Schüler müssen dann diesen Text, den sie entweder auf dem Arbeitsprojektor gesehen haben (und dann nicht mehr) oder einmal gehört haben, schriftlich wiedergeben. Wie bei den vorherigen Aufgabentypen erkennen Schüler, an welchen Stellen sie bei der Textrekonstruktion Schwierigkeiten hatten und werden den Originaltext mit größerer Aufmerksamkeit studieren.

> The real benefit may be in the matching: the comparison by the learners of their version with the model provides them with positive evidence of yet-to-be-acquired language features, and this process of noticing, theoretically at least, converts input into intake, and serves to restructure the learner's developing linguistic competence.[212]

---

[212] Scott Thornbury: "Reformulation and reconstruction: tasks that promote 'noticing'". *ELTJ* 51/4.1997, S. 330.

Reconstruction-Aufgaben gibt es in vielen Spielarten. Z. B. kann die Aufgabe darin bestehen, einen Text, der ein- oder auch zweimal als ganzer vorgespielt worden ist, aus dem Gedächtnis zu rekonstruieren, in Einzel- oder in Gruppenarbeit. Nach dem Vergleich zwischen den Ergebnissen verschiedener Gruppen wird man dem Originaltext sehr viel näher gekommen sein, als dies ein einzelner Schüler oder eine Gruppe allein könnte. Während der Besprechung mit dem Lehrer werden die Schüler erkennen, dass manche Abweichungen akzeptabel sind, andere nicht.

Gegenüber der etablierten P-P-P-Methode (*presentation – practice – production* = Darbietung / Sprachaufnahme – Sprachverarbeitung / Übung – Anwendung), in der bestimmte sprachliche Erscheinungen für die Lerner aufbereitet und auffällig gemacht werden – ohne dass sichergestellt werden kann, ob die Schüler für diese Erscheinungen aufnahmebereit sind –, haben die beiden geschilderten Aufgabentypen den Vorteil, dass sie den Schülern Gelegenheit geben, ihre eigenen fremdsprachlichen Unzulänglichkeiten zu erkennen und sie dann ganz bewusst durch die Muster der Zielsprache zu ersetzen.

Damit entspricht *noticing* dem Lernen nach der *Comprehensible Output Hypothesis*, also durch die Reparatur nach einem kommunikativen Misserfolg, in abgemilderter Form.

Unterrichtsbeispiel aus einer 6. Klasse, Realschule

Es wird eine Lehrbuchübung durchgearbeitet. Dabei erhalten die Schüler Phantasiehilfe durch eine Bildreihe.

1.	PP	(im Chor) She must make the bed.	T	Good. What else must she do? ... IIm?
2.	P	She is watering the flowers.	T	She is not watering the flowers. Can you see here a person? No, she is not doing this now. She must do it every morning, every day. In the morning she ... Christoph, please stop this now. Christoph, guck mal.
3.	P	She must make the flowers.	T	She must not make flowers. She cannot make flowers.
4.	P	She must makes watering the flowers.	T	She must make the beds. She must ... yes?
5.	P	Watering.	T	Water.
6.	P	Watering.	T	Not watering, water + water the flowers, water the flowers. + Hm? + Carmen?
7.	P	She must ...	T	She ...
8.	P	She must water the flowers.	T	Yes, fine. Hm?
9.	P	She must water the flowers.	T	Good, altogether: she ...

10.	PP	(im Chor) She must water the flowers.	T	Michael.
11.	P	She must watering the flowers.	T	No (deutet auf anderen Schüler).
12.	P	Water the flowers.	T	Again.
13.	P	She must water the flowers.	T	Yes, that's it. Fine. + All right, all together: She ...
14.	PP	(im Chor) She must water the flowers.	T	That's it. Good. + Next. Here. She must ...?
15.	P	Cleaning the house.	T	The house, yes. The room, yes. But she must clean ... Aha, Nicole, fine. Clean the house or clean the rooms. Yes, Sandra?
16.	P	Noch einmal?	T	Yes, please.
17.	P	She must clean the room.		...
18.			T	All right again. Can you tell me now, what must Mrs Pim do in the morning? What must she do?
19.	P	She must water the flowers.	T	Fine.
20.	P	She must cleaning the rooms.	T	Ahem!
21.	P	She must clean ...	T	Clean the rooms + Good, what else? Carmen.
22.	P	She must making the bedroom.	T	Make.
23.	P	Make the bedroom.	T	Yes, she must make the beds. She must clean the bedroom, but she must make the beds. + Look here. This bed is finished. This isn't. Hm? This is not made. All right. She has finished this bed. She hasn't finished that. Right + She must ... Again Thomas.

Diskussion

1. In diesem Ausschnitt finden sich Beispiele von fremdinitiierter Fremdkorrektur. Wodurch sind sie bedingt?
2. Gibt es Anzeichen dafür, dass die Lehrerin falsche Antworten ungern direkt zurückweist?
3. Was unternimmt die Lehrerin, um die Schüler auf die richtige Struktur zu bringen und sie zu festigen?
4. Woran erkennt man im Protokoll, dass die Schüler nicht recht bei der Sache sind?

Kommentar

Zu 1.

Äußerungen 3-6, 11, 15, 20, 22. Die Schüler haben mehr als eine Schwierigkeit zu meistern; einmal bei der grammatischen Struktur und dann bei der Nennung der verschiedenen Tätigkeiten der Lehrbuch-Mutter, Mrs. Pim. Das zu übende Pattern muss als Muster genannt werden, damit die Schüler auf die richtige Spur kommen.

Zu 2.

Äußerungen 15 ff.: Die richtigen Teile der Antwort werden mit *yes* quittiert, erst dann heißt es *but* ...

Zu 3.

Sie lässt die richtige Antwort jeweils im Chor sprechen. Der Erfolg bleibt gering. Die Schüler sind offensichtlich nicht motiviert und daher nicht lernbereit.

Zu 4.

a. Der Schüler Christoph muss besonders angespornt werden;
b. es kommen Vorschläge, die nicht mit den Bildern übereinstimmen;
c. die Schüler machen immer wieder dieselben Fehler.

Nicht in diesem Auszug wiedergegeben ist die Bemerkung einer Schülerin wenig später: „Langweilig!" und die Entgegnung der Lehrerin: „Langweilig! Jawohl, wenn du nicht aufpasst, ist es immer langweilig." Die Wahrscheinlichkeit spricht für die Umkehrung: Weil es langweilig ist, können die Schüler nicht aufpassen. Die alltäglichen Geschäfte der fiktiven Mrs. Pim sprechen die Schüler nicht an.

Die Lehrerin hätte vielleicht besser daran getan, die Übung abzubrechen und durch eine Übung zu ersetzen, in der wirkliche Personen agieren, z. B. die Schüler selbst: "What must you do every morning?" Statt dessen werden noch in derselben Stunde anhand derselben Bilder die Strukturen *I don't want to (make the beds)* und – gänzlich überflüssig – *help me to make the beds* geübt; überflüssig schon deswegen, weil heutzutage *help me to make the beds* und *help me make the beds* unterschiedslos verwendet werden. Hier aber lädt sich die Lehrerin zusätzliche Korrekturen auf und belastet die Schüler unnötigerweise.

Offenbar stehen Punkt 3 und 4 im Zusammenhang.

Weitere Beispiele diskutabler Korrekturen stammen aus einer 9. Realschulklasse. Die Übung ist gleichfalls bildgestützt.

1. T Picture no. 3. Tell something. What's the matter? You can tell something to that picture. Try to tell something to that picture.
2. P They showed the animal.
3. T No, they didn't show the animal. What did they do? They didn't show the animals.

4. P   The farmer showed the animals.
5. T   The farmer showed them the animals. Good. What kind of animals?
6. P   Cows and pork.
7. T   Hm?
8. P   Pork.
9. T   No, some of you wrote porks. Pork is the meat and pig is the animal, right?
10. P   Und was ist Schaf?
11. T   Sheep. Remember sheep has got an irregular plural form. One sheep, many sheep. No *s* at the end. + Now, let's go to the next picture. Karin.
12. P   At the next day Mr Thomson and Clive went to the beach. Mr Thomson was fishing and Clive climbing the tree.
13. T   What's that, at the next day? At the next day, what's wrong with that? What's wrong when she said, "at the next day?"
14. P   At the next picture?
15. T   No, what's wrong with the expression "at the next day"? *At* is wrong, the next day is enough. + Good, now Oliver, can you tell me something about that picture no. 3? Why Clive was on the tree, while Mr Thomson was at the river. What could have happened, Marion?
16. P   He could fall down in the river.
17. T   Mh, what else could have happened? Mr Thomson near the river, the son on the tree. What else could have happened, Daniel?
18. P   The son could have fallen down.
19. T   Could fall down. So if that had happened ...

Diskussion
1. Die Lehrerin neigt zu Wiederholungen zweierlei Art. Welche sind dies und welche ist eher zu rechtfertigen?
2. Welche Techniken benutzt die Lehrerin, damit die Schüler verstehen, warum sie sich korrigieren sollen?

Antworten
Zu 1.
a. Wiederholte Anweisungen (Äußerung 1). Die Lehrerin legt besonderen Wert darauf, verstanden zu werden. Redundanzen sind grundsätzlich vertretbar oder sogar empfehlenswert; natürlich nicht, wenn sie fehlerhaft sind.
b. Die Lehrerin wiederholt einen Schülerfehler, um die Übrigen auf ihn aufmerksam zu machen, nicht weniger als viermal (Äußerung 13-15).
Zu 2.
a. Zurückweisungen (Äußerung 3). Der Schüler erfährt, *dass* seine Aussage nicht akzeptiert wird, aber nicht warum. Hier hätte es sich gelohnt, dem Fehler auf den

Grund zu gehen. Aller Wahrscheinlichkeit nach hat der Schüler *show* mit (*an-*) *schauen* gleichgesetzt. So viel Deutsch wie der Wortvergleich benötigt, ist allemal zu rechtfertigen.

b. Erklärungen (Äußerung 15). Die richtige Form wird genannt, aber nicht in den Zusammenhang eines Satzes gebracht. Angesichts der viermaligen Wiederholung des Fehlers ist zu bezweifeln, ob sich die Schüler nicht eher die falsche Form merken werden.

Weiterer Kommentar

In Äußerung 17 wird die Schülerantwort wie eine versteckte Zurückweisung quittiert. Allerdings verwendet die Lehrerin dieselbe Struktur in Äußerung 19 selber, und zwar als Verschlimmbesserung einer Schülerantwort, die nicht nur situationsadäquat ist, sondern auch formal genau der Frage entspricht.

Äußerung 11 enthält eine „Präventiv"-Korrektur, eine Warnung vor einem Fehler, der gemacht werden könnte.

Im Ganzen liefert dieser Auszug fast nur Beispiele für ungeschicktes Korrigieren.

10 (Non-)communicative features of teacher talk

Wir sind jetzt an einem Punkt angelangt, wo wir uns vergegenwärtigen können, welche einzelnen Charakteristika zu einem kommunikativen Unterrichtsgespräch gehören. Wertvolle Vorarbeit ist hier von R. Cullen geleistet worden. In seinem Aufsatz "Teacher talk and the classroom context" stellt er zwei Listen auf, von denen die eine die Charakteristika der Lehrersprache aufzählt, die man als kommunikativ werten kann, und die andere solche, die rein schulisch und nicht kommunikativ sind.[213]

Ich möchte diese Listen nicht einfach wiedergeben, sondern die einzelnen Punkte diskutieren, weitere hinzufügen und schließlich Überlegungen anstellen, wieweit solche Kriterien überhaupt für den fremdsprachlichen Unterrichtsdialog gelten können.

Im Überblick sieht das so aus:

Features of teacher talk
(according to R. Cullen, modified and with additions)

List A (communicative)	List B (non-communicative)
referential questions	display questions, giving way
content feedback	form-focused feedback – esp. insistence on correct grammar, – one type of answers to yes-/no-questions, – complete-sentence replies
speech modifications – hesitations, – rephrasings when explaining, asking questions, giving instructions etc.	teacher's echo
negotiating meaning with the learners, e.g. through requests for clarification and repetition	I-R-F cycle
free turn-taking	rigid allocation of turns
	frequent plane changes (cf. 8.4)
	asking for repetition (cf. 8.1)
≈ conversation	≈ institutional discourse

---

[213] *ELTJ* 52/3.1998, S. 181-182.

Diese stark modifizierte Liste gilt es nun im einzelnen zu diskutieren.

1. Cullen nennt unter den kommunikativen Tätigkeiten des Lehrers als erstes die *referential questions* und zeigt damit, welche Bedeutung er der Fragestellung überhaupt und diesem Fragetyp beimisst. Hierher gehören also alle persönlichen Fragen, Fragen nach Ansichten und Meinungen, aber auch nach Tatbeständen, von denen man annehmen kann, dass der eine oder andere Schüler sie kennt, man selber aber nicht.

2. An zweiter Stelle erscheint bei Cullen *content feedback*, also Kommentare zu Schüleräußerungen, die sich auf deren Inhalt beziehen und die auch – das sagt Cullen nicht – dem Schüler anzeigen können, dass er nicht so verstanden wird, wie er es gemeint hat. Das Wichtigste für den Schüler ist, zu sehen, was seine Äußerung bewirkt, wieweit sie das Gespräch in der Klasse weiterbringt, wieweit er seine Meinung anderen zu verstehen geben und sie vielleicht überzeugen kann, oder wieweit er seinen Ausdruck verbessern muss, um sein Anliegen zu transportieren. Man redet im Allgemeinen, um etwas zu erreichen.

3. Da nun einmal in einem fremdsprachlich geführten Gespräch Missverständnisse öfter auftreten, muss dem im Gespräch Rechnung getragen werden durch *speech modifications*. Dazu gehören Redundanzen und Umformulierungen, um das Verstehen zu sichern, auch *gambits, hemmings and hawings* (Cullen nennt sie *hesitations*), Fragen und Anweisungen.

4. *To negotiate meaning* führt Cullen extra auf, wohl um zu zeigen, dass auch die Schüler sich daran beteiligen, indem sie um Klärung bitten (*requests for clarification*) und auch Gelegenheit erhalten, den Lehrer zu unterbrechen. Im Grunde ist dies aber unter 3. schon impliziert, denn *speech modifications* werden nicht ohne Rücksicht auf Bedarf verwendet, nicht ohne Fragen oder Nichtverstehen wenigstens von den Augen abgelesen zu haben, und sie sollen auch das Muster sein, wie die Schüler untereinander reden können.

5. Wenn Schüler den Lehrer unterbrechen dürfen, weil sie Verständnisschwierigkeiten haben, so ist das eine Form des *free turn-taking*. Es ist nämlich Kennzeichen für ein echtes Gespräch, dass die Teilnehmer sich das Wort nehmen, sooft sie etwas sagen wollen und die anderen es ihnen zugestehen. Dieser Punkt ist allerdings einigermaßen kontrovers. Wir kommen gleich darauf zurück.

Nicht kommunikativ sind natürlich die entgegengesetzten Tätigkeiten der Lehrer im Unterrichtsdialog. Ich wiederhole darum die entsprechenden Nummerierungen (soweit es Entsprechungen gibt).

1. Im Gegensatz zu den *referential questions* stehen *display questions*. Solche Fragen gibt es außerhalb der Schule so gut wie überhaupt nicht (mit vielleicht einer Aus-

nahme, s.u.), und sie führen auch nicht in ein Gespräch hinein. Als besonders schulspezifische Sonderform der *display*-Fragen sollte das *giving way* hervorgehoben werden (Cullen erwähnt es nicht), das selbst im Unterricht völlig unnötig ist und von den Schülern auf keinen Fall übernommen werden darf. Das allein disqualifiziert diesen Stimulustyp. Hierher würde ich auch Aufforderungen stellen wie "make a sentence with ...".

2. *Form-focused feedback* zählt nach Cullen deutlich zu den nicht kommunikativen Charakteristika. Gemeint sind die Lehrerreaktionen auf Schüleräußerungen, die sich nicht um deren Inhalt, sondern nur um deren Form kümmern: sprachliche, besonders grammatische Korrektheit, vermehrt (über Cullen hinaus) um das Bestehen auf *einer* Antwortform bei *yes-/no*-Fragen und auf Ganzsatz-Antworten, die sich nicht von selbst ergeben und in einem Gespräch außerhalb der Schule nicht gegeben würden.

3. Lehrerecho wird von Cullen hier angeführt, später allerdings im Unterricht gerechtfertigt. Wenn er sagt, so etwas komme im gesellschaftlichen Verkehr kaum vor, so ist dem nur zuzustimmen. Wir haben oben gesehen, dass eine Rechtfertigung von Echo im Sprachunterricht eigentlich nicht möglich ist.

4. Der *I-R-F*-Zyklus wird auch von Cullen als gesprächsfremd bezeichnet. Außerhalb des Klassenzimmers sei der Diskurs doch komplexer und flexibler. Dies muss man als eine starke Breitseite gegen große Teile des üblichen Unterrichtsdialogs erkennen, der in der Regel in vielen Schulfächern auf diese Weise strukturiert ist. Wer also ernsthaft seinen Unterricht nach kommunikativen Gesichtspunkten gestalten will, muss hier ganz wesentliche Änderungen durchführen.

5. Entsprechendes gilt für das rigide Erteilen von „Sprech-Genehmigungen" (*rigid allocation of turns*) durch den Lehrer. Im gesellschaftlichen Umgang gibt es niemanden, der einem das Wort erteilt oder entzieht. Nunan hat einmal gesagt,

> In genuine communication, decisions about who says what to whom and when are up for grabs.[214]

Wenn wir dies als Kriterium für einen kommunikativen Unterricht gelten ließen, müssten wir allerdings eingestehen, dass es offenbar ein kommunikatives Unterrichtsgespräch nicht gibt.

Hieran hat sich die Diskussion um einen kommunikativen Unterrichtsdialog entzündet. Seedhouse nimmt dies als Ausgangspunkt für eine veränderte Theorie des kommunikativen Sprachunterrichts.[215] Darüber wollen wir zum Schluss diskutieren.

---

[214] David Nunan: "Communicative language teaching: Making it work". *ELTJ* 41/2.1987, S. 137.
[215] Paul Seedhouse: "Classroom interaction: possibilities and impossibilities". *ELTJ* 50/1.1996, S. 16-24.

11 Schluss: Außerschulischer Diskurs vs. *institutional discourse*

Aus allem, was wir bisher über den kommunikativen Unterrichtsdiskurs gesagt haben, geht hervor, dass wir uns das Gespräch in der Gesellschaft außerhalb der Schule zum Vorbild genommen haben. Wenn unser Ziel ist, die Schüler auch außerhalb der Schule diskurstüchtig zu machen, kann es fast keinen anderen Maßstab geben.

Paul Seedhouse hat jedoch diesen Standpunkt in Frage gestellt mit dem Argument, dass die kommunikative Orthodoxie, wie er unsere Grundannahme nennt, im Unterricht gar nicht durchführbar sei. Das Modell Konversation sei ein soziolinguistischer Begriff, der u.a. beinhalte, dass die Gesprächspartner den Redewechsel bestimmten – durch sich selbst regelnde Initiativen und Konkurrenz – und dass sie sich für den Verlauf des Gesprächs verantwortlich fühlten. Demgegenüber sei die Unterrichtssprache ein typischer institutioneller Diskurs (*institutional discourse*), für den andere Regeln gälten, nämlich ein ritualisierter Wortwechsel und eine Zielgerichtetheit: das Lernen der Fremdsprache. In einem institutionellen Diskurs hätte der *I-R-F*-Zyklus seinen Platz ebenso wie auch *display*-Fragen. Die beiden zuletzt genannten Phänomene sind tatsächlich auch außerhalb der Schule beobachtet worden, und zwar in Eltern-Kind-Dialogen. In diesen ebenso wie im Sprachunterricht sei es entscheidend, dass die Eltern / Lehrer diese Mittel einsetzten, um das Lernen der Sprache zu fördern. So seien also die Konversation in der freien Gesellschaft und der Unterrichtsdiskurs zwei nebeneinander bestehende legitime Varianten, und kein Lehrer müsse sich genieren, wenn die Sprache in seiner Klasse sich deutlich von Konversation unterscheide.

Diese Argumentation mag in sich schlüssig sein, übersieht aber, dass Sprachunterricht und die in ihm benutzte Sprache nicht homogen und nicht durchgehend von der gleichen Qualität ist. Es geht nicht ohne vorkommunikative Phasen, die rein sprachbezogen sind und wo weder Schüler noch Lehrer die Absicht haben, Meinungen auszutauschen. Solche Phasen gibt es vermehrt im Anfangsunterricht, aber auch noch bei Fortgeschrittenen in einzelnen Abschnitten. Wir haben beim Kapitel über die Fehlerkorrektur deutlich sprachbezogene und inhaltsbezogene Phasen unterschieden, und die Fehlerkorrektur als solche kann gesprächsweise, also kommunikativ geschehen oder eben akademisch (ohne zu erwartenden Lernerfolg). In vorkommunikativen Phasen ist der *I-R-F*-Zyklus sicherlich kaum zu vermeiden, aber schon die *display*-Fragen könnten eingeschränkt werden, und zwar auf Test-Situationen und *confirmation checks*. Beispielsweise bleibt mündliches Vokabeln-Abfragen meines Erachtens eine Notwendigkeit, weil es viel zu wenig Englischstunden in der Woche gibt, als dass alle wichtigen Wörter von selbst häufig genug vorkämen. Geht man in weiteres Detail, so sind jedoch *giving way* und Aufforderungen wie "make a sentence with ..." und unorganische, lediglich vereinbarte Ganzsatz-Antworten selbst in diesen Phasen unnötig. Weiterhin sind stereotype Quittungen wie *good, good, good* ziemlich ineffizient und können, wie wir gesehen haben, durch andere Mittel ersetzt werden.

So kann das rein Schulische, also das nur in der Schule Verwendbare, schon in vorkommunikativen Phasen zurückgedrängt werden, so dass sich der Unterschied zur außerschulischen Kommunikation verringert. Wenn überdies auch hier schon all die anderen Mittel wie *gambits, referential questions* usw. bei jeder passenden Gelegenheit wenigstens von Lehrerseite verwendet werden, werden die Schüler gezielter auf Phasen der Kommunikation vorbereitet. Der Übergang kann fließend sein.

Trotz der Argumente für einen institutionellen Diskurs sollte man weiterhin anstreben, die Phasen einer natürlichen Konversation im Verlauf des Englischkurses auszudehnen und allmählich die Oberhand gewinnen zu lassen.

Der Lehrer, der sich von vornherein sagt, dass er sich im Sprachunterricht auf einem Spezialgebiet, dem institutionellen Diskurs, bewege und dass eine natürliche Unterhaltung *per definitionem* dort gar nicht möglich sei, wird sich nicht veranlasst sehen, den Unterrichtsdialog in der beschriebenen Weise zu ändern. Mag Konversation ein in der Schule unerreichbares Ideal sein, es sollte als Ideal den Unterricht optimieren helfen. Bei Cullen heißt es:

> The study of discourses outside the classroom can serve to enrich the interaction and the pedagogical effectiveness of what goes on inside the classroom.[216]

Es wäre eine Erschwerung für den Schüler, wenn er nach Beendigung des Englischkurses erst noch lernen müsste, welches die Sonderformen des institutionellen Diskurses waren, die nun abgelegt und vergessen werden müssen. Vielmehr müsste er doch mit den Gepflogenheiten der englischsprachigen Konversation außerhalb der Schule vertraut sein, um im Umgang mit Englischsprechenden seinen Weg ohne große Mühe zu finden. Dies sollte in einem auf Kommunikation ausgerichteten Fremdsprachenunterricht, wie er hier beschrieben worden ist, möglich sein.

---

[216] Richard Cullen: "Teacher talk and the classroom context". *ELTJ* 52/3.1998, S. 185.

Bibliographie

Diese Bibliographie erhebt nicht den Anspruch, erschöpfend zu sein. Sie ist in erster Linie eine Zusammenstellung der Veröffentlichungen, die dem vorliegenden Büchlein zugrunde liegen. Darüber hinaus ist der Versuch gemacht worden, die verschiedenen Bücher und Artikel bestimmten Unterthemen zuzuordnen. Das ist nicht in allen Fällen leicht gefallen, weil viele Beiträge Stoff für mehrere Unterthemen beinhalten. Andere Titel passen an keiner Stelle in die Gliederung und mussten daher unter Varia am Ende aufgeführt werden.

Um die Orientierung zu erleichtern, habe ich die Titel, die meines Erachtens am ergiebigsten sind, mit einem Sternchen (*) versehen. Außerdem habe ich in einzelnen Fällen – durchgehend beim Thema Authentizität – kurze Hinweise in eckige Klammern gesetzt, zumal wenn der Titel als solcher nicht erkennen lässt, worum es dort geht.

Auffallend ist der hohe Anteil der englischsprachigen Titel. Das hängt damit zusammen, dass in den USA und noch mehr in Großbritannien auf dem gewählten Gebiet schon früher und intensiver geforscht worden ist als in Deutschland. Zudem haben die englischen Veröffentlichungen den Vorteil, dass ihre Autoren in aller Regel besonderen Wert darauf legen, verstanden zu werden.

ELTJ = *English Language Teaching Journal*
DNS = *Die Neueren Sprachen*
NM = *Neusprachliche Mitteilungen*
Praxis = *Praxis des neusprachlichen Unterrichts*
ZE = *Zielsprache Englisch*

Sprache

Carter, Ronald: "Orders of reality: CANCODE, communication, and culture". *ELTJ* 52/11.1998, S. 43-56

Cook, Guy: "The uses of reality: a reply to Ronald Carter". *ELTJ* 52/1.1998, S. 57-63

Dulay, Heidi/Marina Burt/Stephen Krashen: *Language Two*. New York, Oxford: OUP 1982

Edmondson, Willis/Juliane House: *Let's talk and talk about it*. München, Wien, Baltimore: Urban & Schwarzenberg 1981

Finger, Hans: *Angewandte Linguistik für Englischlehrer*. Hamburg: Buske [2]1985

Geiger, Annamaria/Sandra Johnson: *English for Language Teaching*. Heidelberg: Groos 1984 [*Student's Book* and *Teacher's Handbook*]

*Harbord, John: "The use of the mother tongue in the classroom". *ELTJ* 46/4.1992, S. 350-355

Hecht, K./J. P. Green: „Grammatikwissen unserer Schüler: gefühls- oder regelgeleitet?" *Praxis* 1992, S. 151-162

*Lewis, Michael: *The Lexical Approach. The State of ELT and a Way Forward.* Hove: Language Teaching Publications 1993

McCarthy, Michael/Ron Carter: "Spoken grammar: what is it and how can we teach it?" *ELTJ* 49/3.1995, S. 207-218

Mindt, Dieter: „Schulgrammatik vs. Grammatik der englischen Sprache". In: Gnutzmann, C./F. G. Königs (Hgg.): *Perspektiven des Grammatikunterrichts*. Tübingen: Narr 1995, S. 55

Spratt, Mary: *English for the Teacher*. Cambridge/Stuttgart: CUP/Klett 1994

Voss, Bernd (Hg.): *Unterrichtssprache im Fremdsprachenunterricht. Beiträge zur Theorie und Praxis einer berufsbezogenen Fachsprache des Fremdsprachenlehrers.* Bochum: AKS-Verlag 1986

Voss, Bernd: „Sprache im Unterricht – Unterrichtssprache: zur Bedeutung der Unterrichtssprache im Fremdsprachenunterrricht". In: Jung, Udo O. H. (Hg.): *Praktische Handreichung für Fremdsprachenlehrer.* Frankfurt/M., Berlin: Peter Lang 1998, S. 105-112

Willis, Jane: *Teaching English through English. A Course in Classroom Language and Techniques.* Harlow: Longman 1981

Wulf, Herwig: „'Your fare.' – 'Yes, I am.' Wie sich die Schüler einen Vers aus den *contracted forms* machen können". *Praxis* 1985, S. 266-269

Wulf, Herwig: "Forgetmenots". *ZE* 3.1988, S. 36-37 [Falsche und echte Freunde]

Gambits, Fixed Expressions etc.

Alexander, R.: "Fixed Expressions in English: a linguistic, psycholinguistic, sociolinguistic and didactic study". *Anglistik und Englischunterricht* 6.1978, S. 171-188 und 7.1979, S. 181-202

*Beneke, Jürgen: „Verstehen und Mißverstehen im Englischunterricht". *Praxis* 1975, S. 351-362

Dickinson, Leslie: "The Language Laboratory and Advanced Teaching". *English Language Teaching* 25/1.1970, S. 32-42

Edmondson, Willis J.: "Gambits in Foreign Language Teaching". *Kongreßdokumentation der 7. Arbeitstagung der Fremdsprachendidaktiker Gießen 1976.* Limburg 1977, S. 45-48

Lübke, Diethard: „Lernziel ‚Kommunikationsfähigkeit'. Probleme und Lösungsvorschläge für die Praxis". *Praxis* 1975, S. 291-301

*Sorhus, Helen. B.: "To Hear Ourselves – Implications for Teaching English as a Second Language". *ELTJ* 31/3.1977, S. 211-221

Taylor, C. V.: "The Writing of Vocalisation in English". *ELTJ* 30/4.1975, S. 290-294

Classroom Phrases

Cass, Graham: "Language in classroom interaction". *Englisch* 4.1991, S. 131-133
*Cattliff, Roslyn/Sydney Thorne: *English in the Classroom.* Frankfurt/Main: Diesterweg 1988
Clarke, D./I. Preedy: „Lob und Kritik – Die Sprache des Klassenzimmers". *Die Fundgrube für den Englisch-Unterricht.* Frankfurt 1990, S. 150-160
Ebbighausen, Karin: *Classroom Communication: expressions for teachers and pupils.* Paderborn: Schöningh 1978.
Ernst, Manfred: „Authentische englische Unterrichtssprache. Eine aktuelle Sammlung". *Praxis* 1992, S. 392ff.
Ernst, Manfred: „Die Sprache des Klassenzimmers. Authentische englische Unterrichtssprache". *Praxis* 1994, S. 376-397
Gressmann, Ludwig/Anthony Rich: *Classroom Language.* München: Oldenbourg 1982
Gutschow, Harald: „Unterrichtsphraseologie". In: *Eine Methodik des elementaren Fremdsprachenunterrichts.* Berlin: Cornelsen, Velhagen & Klasing 1978, S. 157-158
Heuer, Helmut/H. P. Parry: *Hands up. Classroom phrases in English and German. Unterrichtssprache deutsch-englisch.* Dortmund: Crüwell 1970
*Hughes, Glyn S.: *A Handbook of Classroom English.* Oxford 1981
Kißling, Helmut: *Lexikon der englischen Unterrichtssprache.* Heidelberg: Quelle & Meyer 1981
Mottok, Gerd: „Classroom Phrases. Beispiele sozialintegrativer Unterrichtssprache im Englischunterricht". *Praxis* 1978, S. 373-378
Voss, Bernd: *A Coursebook in Classroom English.* Frankfurt/M.: Peter Lang 1995
Weidemeyer, Helmuth: „‚Checkst du das?' – Schülerredensarten". *Praxis* 1980, S. 347ff.
Weidner, Lieselotte: *Classroom Phrases.* München: Hueber 1971

Lehrer-Schüler-Interaktion

Allwright, Dick: *Observation in the Language Classroom.* New York: Longman 1988
Allwright, Dick/K. Baily: *Focus on the Language Classroom. An introduction to classroom research for language teachers.* Cambridge, New York, Port Chester: Cambridge University Press 1991
Bellack, A. A. et al: *The Language of the Classroom.* New York: Teachers College Press 1966
Black, Colin/Wolfgang Butzkamm: „Sprachbezogene und mitteilungsbezogene Kommunikation im Englischunterricht". *Praxis* 1977, S. 115-124
Black, Colin/Wolfgang Butzkamm: *Klassengespräche. Kommunikativer Englisch-Unterricht: Beispiel und Anleitung.* Heidelberg 1977

Black, Colin/Wolfgang Butzkamm: "Classroom Language: Materials for Communicative Language Teaching". *ELTJ* 32/4.1978, S. 270-274

Brophy, J.: "Teacher Praise: A Functional Analysis". *Review of Educational Research* 51.1981, S. 5-32

Cadorath, Jill/Simon Harris: "Unplanned classroom language and teacher training". *ELTJ* 52/3.1998, S. 188-195

Cass, Graham: "'Repeat, please!'". *Englisch* 2.1987, S. 62-63

Cass, Graham: "Language in Classroom Interaction". *Englisch* 4.1991, S. 131-133

*Chaudron, Craig: *Second Language Classrooms. Research on teaching and learning.* Cambridge, New York: Cambridge University Press 1988

*Cullen, Richard: "Teacher talk and the classroom context". *ELTJ* 52/3.1998, S. 179-187

*Dinsmore, D.: "Waiting for Godot in the ELT classroom". *ELTJ* 39/4.1985, S. 225-234

Dirven, René: "Is it really so hard to get young children interacting in a foreign language?" *ELTJ* 35/3.1981, S. 287-293

Edmondson, Willis: „Konversationsanalyse und Lehrerverhalten im Fremdsprachenunterricht". In: Jung, Udo O. H. (Hg.): *Praktische Handreichung für Fremdsprachenlehrer.* Frankfurt/M., Berlin: Peter Lang 1998, S. 101-105

*Ellis, Rod: *The Study of Second Language Acquisition.* Oxford: Oxford University Press 1994

Fenn, Peter: "The teacher and the conversational situation". *Englisch* 12.1977, S. 128-133

Flanders, N. A.: *Teacher Influence, Pupil Attitudes and Achievement: Studies in Interaction Analysis.* Cooperative Research Monographs no.12, U.S. Government Printing Office 1965

Green, Jens-Peter: „Lob und Ermutigung auf amerikanisch". *Praxis* 1992, S. 29-35

Gressmann, Ludwig: „Meine Erfahrungen mit 'Classroom Language'". *Englisch* 4.1987, S. 137-143

Heuer, Helmut/Friederike Klippel: *Englischmethodik. Problemfelder, Unterrichtswirklichkeit und Handlungsempfehlungen.* Berlin: Cornelsen-Velhagen & Klasing 1987

Johnson, Karen E.: *Understanding Communication in Second Language Classrooms.* Cambridge: Cambridge University Press 1995

Johnson, Keith/Keith Morrow: *Communication in the Classroom.* Harlow: Longman 1981-1987

Littlewood, William T.: "The Acquisition of Communicative Competence in an Artificial Environment". *Praxis* 1975, S. 13-21

Lorenzen, Käthe/Stretton Taborn: *Kommunikative Kurzdialoge im Englischunterricht der Klassen 5-10.* Bad Heilbrunn 1983

*Lynch, Tony: *Communication in the Language Classroom.* Oxford: OUP 1996

Malamah-Thomas, Ann: *Classroom Interaction.* Oxford: OUP 1987

Nissen, R.: „,Echte' Gespräche – im Englischunterricht?" *Praxis* 1986, S. 25-29

Nold, G.: „Beobachtungen zum Sprachverhalten des Lehrers im Englischunterricht". *NM* 32.1979, S. 242-248

Nold, G.: „Diskurs und Fremdsprachenerwerbsprozeß". *Englisch-Amerikanische Studien* 6.1984, S. 404-414

Nunan, David: "Communicative language teaching: Making it work". *ELTJ* 41/2.1987, S. 136-145

*Nunan, David: "Focus on the Teacher: Classroom Management and Teacher-Student Interaction'. *Language Teaching Methodology.* Hemel Hempstead: Prentice Hall 1991, S. 189-207

Nunan, David: *Understanding Language Classrooms. A guide for teacher-initiated action.* New York, London: Prentice Hall 1989

Nunan, David/Clarice Lamb: *The Self-Directed Teacher. Managing the learning process.* Cambridge: Cambridge University Press 1996

O'Neill, Robert: "The Myth of the Silent Teacher". *Praxis* 1998, S. 369-375

Oomen-Welke, Ingelore: „Deutscher Unterricht als (inter)kulturelle Praxis". In: Bremerich-Vos, Albert (Hg.): *Handlungsfeld Deutschunterricht im Kontext. Festschrift für Hubert Ivo.* Frankfurt a. M.: Diesterweg 1993, S. 150-154

Piepho, Hans-Eberhard: *Kommunikative Kompetenz als übergeordnetes Lernziel im Englischunterricht.* Dornburg-Frickhofen: Frankonius 1974

Richards, Jack C.: "Communicative needs in foreign language teaching". *ELTJ* 37/2.1983, S. 111-120

Richards, Jack/David Nunan (Hgg.): *Second Language Teacher Education.* New York: CUP 1990

Seedhouse, Paul: "Classroom interaction: possibilities and impossibilities". *ELTJ* 50/1.1996, S. 16-24

*Sinclair, J. M./D. Brazil: *Teacher Talk.* Oxford: OUP 1982

Sinclair, J. M./R. M. Coulthard: *Towards an Analysis of Discourse. The English used by teachers and pupils.* London: OUP 1975

Solmecke, G.: „Lehrer-Schüler-Interaktion im Englischunterricht: Vorschläge zu ihrer Änderung". *Englisch* 19.1984, S. 14-19

*Speight, Stephen: "Aspects of conversation". *Praxis* 1985, S. 273-281

Speight, Stephen: "'Did you have a good crossing?' – 'No.'". *Praxis* 86, S. 29-33

Swain, Merrill: "Communicative Competence: some roles of comprehensible input and comprehensible output in its development". In: Gass, S. M./C. G. Madden (Hgg.): *Input in second language acquisition.* Rowley, Mass.: Newbury House 1985

Taborn, Stretton: "Basic everyday dialogues". In: Lorenzen, K./S. Taborn: *Kommunikative Kurzdialoge im Englischunterricht der Klassen 5-10.* Bad Heilbrunn 1983, S. 47-90

Taborn, Stretton: "The transactional dialogue: misjudged, misused, misunderstood". *ELTJ* 37/3.1983, S. 207-212

Thompson, Geoff: "Some misconceptions about communicative language teaching". *ELTJ* 50/1.1996, S. 9-15

Thornbury, Scott: "Teachers research teacher talk". *ELTJ* 50/4.1996, S. 279-289

Wajnryb, Ruth: *Classroom Observation Tasks.* Cambridge: Cambridge University Press 1992

*Walmesley, J.B.: "Teacher Value Systems". *TESOL Quarterly* 16.1.1982, S. 79-89

Willis, Jane: *Teaching English through English.* London 1981

*Wolff, Dieter: „Der Konstruktivismus: ein neues Paradigma in der Fremdsprachendidaktik?" *DNS* 5.1994, S. 407-429

Wulf, Herwig: „'They can die.' – 'Very good.' Zur Sprache des Lehrers im modernen Fremdsprachenunterricht". *Praxis* 1978, S. 364-372

Fehlerkorrektur

Bartram, M./R. Walton: *Correction. A Positive Approach to Language Mistakes.* Hove: Language Teaching Publications 1991 [Klett]

Edge, Julian: *Mistakes and Correction.* London: Longman 1990

Edmonson, Willis: „Fehleranalyse und Fehlerkorrektur. Warum haben Lehrerkorrekturen manchmal negative Auswirkungen?" *Fremdsprachen Lehren und Lernen* 22.1993, S. 57-63

Henrici, G./E. Zöfgen (Hgg.): Themenheft: „Fehleranalyse und Fehlerkorrektur". *Fremdsprachen Lehren und Lernen* 22.1993

Kleppin, Karen: „Mündlich korrigieren: Ja, aber wie? Anregungen zum Nachdenken über das eigene Korrekturverhalten". In: Jung, Udo O. H. (Hg.): *Praktische Handreichung für Fremdsprachenlehrer.* Frankfurt/M., Berlin: Peter Lang 1998, S. 323-328 [enthält weitere Literatur auf dem Stand von 1998]

Kordes, Hagen: „Fehleranalyse und Fehlerkorrektur. Aus Fehlern lernen". *Fremdsprachen Lehren und Lernen* 22.1993, S. 15-20

*Lynch, Tony: "Nudge, nudge: teacher interventions in task-based learner talk". *ELTJ* 51/4.1997, S. 317-325

Murphy, Dermot F.: "Communication and Correction in the Classroom". *ELTJ* 40/2.1986, S. 146-151

Page, Brian (Hg.): *What do you mean ... it's wrong?* London: Centre for Information on Language Teaching and Research 1990

Richards, D. R.: "On Communicative Efficiency and the Treatment of Error". *Audiovisual Language Journal* 78/3.1977, S. 245-250

Stocker, Jean: "Business English: Error analysis and feedback in task-based activities". *ZE* 1.1999, S. 1-4

Timm, Johannes-Peter: „Fehler und Fehlerkorrektur im kommunikativen Englischunterricht". *Der fremdsprachliche Unterricht* 26/8.1992, S. 4-11 [S.11 Auswahlbibliographie zur Fehlerkunde]

Walmesley, J. B.: "The Linguistics of Teachers' Errors." In: Voss, Bernd (Hg.): *Unterrichtssprache im Fremdsprachenunterricht. Beiträge zur Theorie und Praxis einer berufsbezogenen Fachsprache des Fremdsprachenlehrers.* Bochum: AKS-Verlag 1986

Wulf, Herwig: „Englisch im Sprach- und Sachfachunterricht. Ein Vergleich zweier Unterrichtstypen". *Praxis* 1996, S. 277-283

Authentizität

Barnaby, David: "Authentic? It's a genuine repro". *ZE* 4.1996, S.1-7. [Jeder (schriftliche) Text, der außerhalb einer Lektion als solcher Bestand hat, kann als authentisch gelten. Textbeispiel mit Aufgaben und Lösungen.]

Birt, David: "Authentic – content or style?" *ZE* 4.1996, S. 8-11. [Soll man vereinfachte Texte lesen lassen? Inhaltlich vertretbar, sprachlich-stilistisch nicht. Vergleich eines Ausschnitts aus *Great Expectations* im Original und in vereinfachter Fassung.]

Bludau, M: „Authentizität – eine fachdidaktische Fata Morgana?" *ZE* 2.1996, S. 11-13. [Definitionen. Plädoyer für '*near-authenticity*': Didaktische Reduktion muss für *native speaker* akzeptabel sein.]

Bogenschneider, K.-G.: „Realität oder künstliche Sprachform". *ZE* 2.1996, S.14. [Neben dem unverzichtbaren Lehrbuch so viel Authentisches wie möglich: Gegenstände, Weihnachtskarten, Briefe, Hörtexte in natürlichem Sprechtempo.]

Conolly, D. B.: "Are there degrees of authenticity?" *ZE* 2.1996, S. 15-18. [Einzig auf schriftliche Texte bezogen. Empfehlung für Kurz- und Langtexte.]

Davies, Diane: "Teaching learners about the language". *ZE* 1.1997, S. 8-11. [Authentische Materialien sind wichtig zum Kennenlernen der verschiedenen Register und *varieties*.]

Fritz, Thomas: "Authenticity Rules OK". *ZE* 1.1997, S. 13. [Analyse von mündlichen Texten: nicht unbearbeitet einsetzen, aber so, dass die Charakteristika der gesprochenen Sprache erkannt und als authentisch empfunden werden können.]

Hill, Leslie A.: "Authenticity in Simplified Texts". *ZE* 2.1996, S. 19-21. [Bezogen auf schriftliche Texte. Vergleich zwischen einem Original und zwei vereinfachten Fassungen.]

Hohmann, Heinz-Otto: „Authentische Texte beim Spracherwerb – Reiz und Risiko". *ZE* 3.1996, S. 7f. [Didaktische und authentische Texte flexibel einsetzen, authentische zunehmend.]

Krashen, S. D.: "Not pedagocical or authentic, but interesting and comprehensible ...". *ZE* 2.1996, S. 22-25. [Die Aussage entspricht voll dem Titel. K. schlägt eine Vor- und eine Zwischenstufe vor der Verwendung wirklich authentischer Texte vor.]

Lindstromberg, Seth: "A historical perspective on approaches to the use of texts ... plus an awkward question." *ZE* 1.1997, S. 15-17. [Warnung vor allzu häufigem *scanning*.]

Mugglestone, Patricia: "There is nothing sacred about authentic materials". *ZE* 3.1996, S. 9f. [Klarheit erstrangig. Authentische Materialien müssen manchmal erst revidiert werden.]

O'Neill, R.: "'Strangers in Venice' or 'What is authentic English?'" *ZE* 2.1996, S. 26-27. [Plädoyer für *foreigner talk* im positiven Sinne, für *finely-tuned teacher talk* in Anpassung an die jeweilige Lernerkompetenz.]

Owen, Roger: "'Authenticity' in language learning materials". *ZE* 3.1996, S. 12-16. [Authentizität erst für Fortgeschrittene, nicht immer vorbildlich. Aus authentischen Hörmaterialien den *speech rhythm* zu lernen am wichtigsten.]

Pye, B.: "Dinosaurs, awe-thenticity and EFL". *ZE* 2.1996, S. 28-29. [Definitionen. Liberaler Standpunkt.]

Ramsey, Gaynor: "The question of authenticity". *ZE* 3.1996, S. 17-19. [Wichtiger als Authentizität ist Realitätsbezogenheit in der Klasse: Aufgaben, Fragen und persönliche Anteilnahme.]

Robbins, Dorothy: "Foreign language authenticity within a learner-driven model". *ZE* 3.1996, S. 20-23. [Authentizität mehr als Realitätsbezug für den Lerner interpretiert. Darauf haben die Lerner selbst Einfluss, z. B. bei der Projektmethode.]

Röver, Carsten: "How authentic can you get? Authentizität um jeden Preis?" *ZE* 4.1996, S. 12-14. [Authentizität der Sprechintentionen ja, der Situation nein: nur die Unterrichtssituation selbst kann authentisch sein.]

Schrand, Heinrich: „Zur Arbeit mit authentischen Texten". *ZE* 1.1983, S. 2. [Berücksichtigt geschriebene und gesprochene Texte. Authentizität schließt auch bearbeitete Fassungen ein, wenn sie auf *native speaker* natürlich wirken. Praktische Beispiele von authentischen Kurztexten.]

*Siebold, Jörg: „What is 'authentic'? – Ein Resümee". *ZE* 3.1997.

Slattery, Mary: "Touchstone of modern culture?" *ZE* 3.1996, S. 24-27. [Echtheit über Authentizität: zweckvolle Aufgaben, simuliert authentische Hörtexte, *fitness for the learning purpose*.]

Smolka, Dieter: „Ein authentischer Einstieg in die Lektüre". *ZE* 3.1996, S. 28f. [Empfehlung von *The Mousetrap* als authentischer Lektüre.]

Sprachliche Unterrichtstechniken

Arendt, Manfred: „Plädoyer gegen das laute Lesen: Flogging a dead horse?" *Englisch* 2.1982, S. 41-44

Billows, F. L.: *The Techniques of Language Teaching*. London: Longman 1961

Courchêne, R. (Hg.): *Comprehension-Based Second Language Learning*. Ottawa: University of Ottawa Press 1992

Duff, Alan: *Translation*. Oxford: OUP 1989

Fitzgerald, M. J.: "Asking Questions with the Help of Pictures and Slides". *ELTJ* 34/4.1980, S. 277-281

Green, J.-P.: „Zur Frage- und Impulstechnik in der offenen Phase". *Praxis* 1981, S. 79-83

Harmer, Jeremy: *The Practice of English Language Teaching*. London, New York: Longman 1983

Lightbown, Patsy: "Can they do it themselves? A comprehension-based ESL course for young children". In: R. Courchêne (Hg.): *Comprehension-Based Second Language Learning*. Ottawa: University of Ottawa Press 1992, S. 353-370

Morrow, Keith: "Asking Questions". *ELTJ* 33/2.1979, S. 97-98

Nord, James R.: "Developing Listening Fluency before Speaking: An alternative Paradigm". *System* 1.1980, S. 1-22

*O'Neill, Robert: "The plausible myth of learner-centredness: or the importance of doing ordinary things well". *ELTJ* 45/4.1991, S. 293-304

Palmer, Harold E./Dorothy Palmer: *English through Actions*. London 1959 (^{1}1925)

Pauncz, Elizabeth: "How to Laugh in English – Ideas for Teaching Children". *ELTJ* 34/3.1980, S. 207-209

Richards, J. C.: "Answers to yes-/no-questions". *ELTJ* 31/2.1977, S. 136-141

Rixon, S.: "The 'Information Gap' and the 'Opinion Gap'". *ELTJ* 33/2.1979, S. 104-106

Taylor, H. J. S.: "Teach Your Pupils to Gossip". *ELTJ* 31/3.1977, S. 222-226

*Thompson, Geoff: "Training teachers to ask questions". *ELTJ* 51/2.1997, S. 99-105

Thornbury, Scott: "Reformulation and reconstruction: tasks that promote 'noticing'". *ELTJ* 51/4.1997

Whitaker, S. F.: "Give me a long sentence". *The British Journal of Language Teaching* 23/2.1985, S. 71-73

Wingfield, R. J.: "Conversational Responses to Statements". *ELTJ* 73/1.1972, S. 24-27

*Wulf, Herwig: „'Use a complete sentence' – Hilfe oder Hindernis im fremdsprachlichen Unterrichtsdialog?" *NM* 1.1994, S. 34-38

Wulf, Herwig: "English-Classroom Grammar – Ansätze zu einer pragmatisch-pädagogischen Englischgrammatik an Schule und Hochschule". *DNS* 92/5.1993, S. 469-483. [Grammatik und Unterrichtsdiskurs; *a variety of ways to express requests.*]

Wulf, Herwig: „Rezeptiv – ein Rezept für den Grammatikunterricht?" In: Udo O. H. Jung (Hg.): *Praktische Handreichung für Fremdsprachenlehrer*. Frankfurt/Main, Berlin: Peter Lang 1998

Varia

Bildungsplan für die Realschule. Hg.: Ministerium für Kultus und Sport Baden-Württemberg, Stuttgart 1994

Kilroy, Roger: *Graffiti: The Scrawl of the Wild and Other Tales from the Wall*. London: Guild Publishing 1985

Williams, Raymond *u. a.*: *English H 2*. Berlin: Cornelsen-Velhagen & Klasing 1983

Wulf, Herwig: „Ökologie im Englischunterricht". *Praxis* 1993, S. 164-171

Anhang: *Classroom Phrases*

Diese Liste erhebt weder Anspruch auf Originalität noch auf Vollständigkeit. Sie will nur bestimmte Akzente setzen und mit bestimmten Äußerungen vertraut machen, die im üblichen Schulalltag vielleicht nicht hinreichend verwendet werden und die in den gängigen Phraseologien entweder zu wenig oder überhaupt nicht berücksichtigt werden.

Dies gilt nicht ganz für die ersten anderthalb Seiten, die eher einen Eindruck von der Vielfalt und den Differenzierungsmöglichkeiten der Reaktionen vermitteln sollen.

[Einige wenige Ausdrücke stehen in Klammern. Sie sind personen- oder situationsgebunden.]

Teachers' phrases

Feedback in the practice stage

Very good

Excellent.
That's fantastic.
Marvellous.
Jolly good.
Great / terrific / fantastic / marvellous.
That's just / exactly what I wanted.
I couldn't have given a better answer myself.
[That's nice].
That's lovely / brilliant [super / spot on].
Wow!

You've hit the nail on the head.
What a good idea.
That's a good idea.
That's a good point.
That's exactly the point.
That's a real feather in your cap.
That's absolutely right.
That's what I'm looking for.
Well done, Richard; that *does* sound good.
That's a really good idea, Richard, thank you.

Good

Yes.
That was good.
That's right / correct.
That's it.
You've got the idea / it.
I was just going to ask you that.

There you are.
Well done.
Fine.
(That's) quite right.
You have a good memory.
Good answer, thanks very much.

Not quite

Not exactly.
Aha.
Hm, well.
That's almost it.
Would you agree?
Is that right?
Yes, but ...

You're half way there.
Could you be a little clearer?
Can anybody add to that?
Has anybody got any other ideas?
Now try and repeat that in better English.
That's another possibility, but isn't quite what I wanted.

Well, half and half.
A fair reply, but not absolutely right.
Maybe that's not the whole answer.
You're almost there.
You're on the right lines / track.
Could you put it in other words / another way?
Could you phrase it differently?
Could you be more specific?
  Could you expand on that a little?
I'm not quite sure what you're getting at.
That's an interesting suggestion, I hadn't thought of it that way.
You're just telling me what Mary said.
Come on, you can think of more than that.

No

No, not really.
You're on the wrong track.
You're way off the mark.
Try again, will you?
What?
I don't think that's the answer.
I'm afraid not.
Unfortunately not.
Far from it.
I'm afraid you can't say that.
At least make a guess. Come on.
Can anybody come and help us here?
Come on, you <u>do</u> know.

Unfortunately you can't use that word here / in this context.
Are you sure that's what you mean?
I'm afraid you haven't understood the question.
I'm afraid you haven't understood what I'm getting at.
I'm sure you know better than that.
You can't mean that.
Now look here ...

Warming-up phase

Stimuli[217]

Nice to see you / Annette back. Are you all right again?
Did any incident or accident happen to anyone?
Anybody's birthday?
How do you like this weather?
Any school event taking or taken place?
Any film on in the city?
Any TV programme to discuss from last night, or tonight?
Any sporting event?
What was your weekend like, Jim?

Comments

Congratulations!
Lucky you!
Good for you, you certainly deserved it.
You don't say!
Would you believe it?
Well, I'll be damned!
Some people get all the luck.
What a nuisance for you!
Well, you've got to take the bad with the good / the rough with the smooth.
That's the way the world goes.
Really!
tut, tut (Br.), tsk, tsk (Am.)
phew, whew
Oh dear!
Oh Lord!

How did you manage to do that?
Indeed.
Super / great / terrific!
Incredible, isn't it?
Good heavens!
Yes, wasn't it?
Bad luck.
Not again!
God, how terrible!
Oh, what a shame!
Oh I'm sorry.
Sorry to hear that.
How awful!
How disgraceful!
Damn!
Cheer up!

Directing[218]

Could you clean the board please?
Will you finish this off?
Would you do exercise 10 on page 23?
This paper should be revised, don't you think?

Let's act it out.
Let's call it a day, shall we?
Open the door, will you?

---

[217] Größenteils nach H. J. S. Taylor: "Teach Your Pupils to Gossip". *ELTJ* 31/4.1977, S. 222-226.
[218] Teilweise nach Glyn S. Hughes: *A Handbook of Classroom English*. Oxford 1981, S. 15-23.

You will have to write this again, I'm afraid.
Just pass me the book.
I suggest reading the text first.
May I suggest (that) you close your books now.
My suggestion is for you to note this down.
I would suggest you copied this out again.
I would suggest you go / went to the caretaker with this. (*past tense* nur nach <u>would</u> suggest).
I want you to (prepare down to page 35)
Do you want to try the next one?
I would like you / prefer you not to use a dictionary now.
I wonder if you could say it in your own words.
Do you think you could write this out at home?
What if we leave this exercise until next time?
What if you change(d) the word order?
Why not leave the adverb until the end?
Let's finish this off next time.
Let's not listen to it again.
Oh damn! It won't work. I'll have to fetch Mr X. Hope he can fix it. – We'll have to do it another way.
Give me a hand, would you?
Does anyone know how this works?
Can you help me a moment?
Can you do me a favour?
Will you do something for me?
I'd like the windows closed.
You've forgotten to clean the board.
Will you give them out, Tony? Thanks.

Why don't we / Let's sit in a circle?
For this I'm going to divide you in half / down the middle.
Could you move back a bit?
Let's make a gangway through here.
Please would you arrange your chairs / yourselves to make / form groups of five?
We're going to have teams.
Let's do it in pairs / threes.
We're going to work in pairs / groups.
Can you get into groups (of four)?
Would you mind sitting in groups of six?
Turn round and face your neighbour.
Why don't you move up and make a three?
You turn round and join in with them.
How about moving along a bit and working with them?
When you have finished change over so that you each get a turn.
Swap round so you each get the other part.
Let Caroline share your book.
We need an extension lead / cord, who can get me one?
We need some sellotape / sticky tape / Blu-Tack to fix this picture up with.
[Would you be kind enough to lend me your copy?]
I wish you would listen!
If only you would try!
Can't you even try?
Come on.
Come on, let's see the hands up.
There's one or two hands not up.

Starting a conversation

How do you get to school, by bus, by train, on foot?
Why don't you come on your bike?
When do you get up in the morning?
What do you have for breakfast?
When do you get home?
What time do you get your lunch?
Do you watch TV often? How often?
Which programmes do you like best? Why?
What did you see last? Did you like it? Why?
Have you ever read anything in English?
Have you ever been to an English-speaking country?
Have you ever heard anyone speaking English outside school?
Do you ever get angry? What things make you angry?
Tell me about the last time you were angry.
Has anyone got any pets? What is so nice about them?
Has anyone got a computer / access to a computer?
What do you use it for?
What do you do in your spare time?
What kind of sport(s) do you like?
Has anyone ever had their bike / watch etc. stolen?
What's your attitude towards smoking / drinking etc.?
Do you sometimes (have to) help your parents with their work?
What kind of jobs do you do?
Does anyone work for money occasionally / on a regular basis?

Keeping the conversation going

What else?
Anything else / any more?
Okay, so what's the result?
So what do we conclude about that?
And then?
What of it?
I agree with you, but I'd be interested in your reasons.
I think you're on the right lines, but I'd be interested in other reactions or additions.
Anybody else?
(Would) Anybody like to add to that?
Now that sounds interesting. Can you say a bit more about that?
That's an interesting point. Can we go into it a little more?
Yes, carry on. I think you've made a good point.

Carry on with it.
You have a go now.
Tell us all. We all want to hear it / have a laugh.
Could you give me more examples?
Could you add some details?

Stalls

Well, …
Let me see (now) / Let's see now …
Well, as a matter of fact …
Well now, let me think …
That's a good question.
Just wait a moment, will you?
Yes, I understand the question.
Well, how shall I put this?
What I'd say is … / What I'm getting at is …
Well, come to think of it …
It's not as easy as that.
What I think, for a start-off, …
The problem is …
Yes, what's it called?
Now, where was I?
What was I saying?

Feedback

Positive feedback

Wow!
That's true.
Too true.
Yes, I think so too.
I couldn't agree with you more.
Absolutely!
You're dead right.
That stands to reason.
There's no doubt about it.
You've got me there.
One up for you.
You're right to ask.

Negative feedback

I'm not sure what you mean.
I'm afraid I don't understand.
Sorry, but ...
You bought the crackers for what?
I don't think that is the case.
Isn't that a little exaggerated?
Don't change the subject.
What's that got to do with it?

Could you put that another way?
What of it?
What do you mean by that remark?
I don't get it.
I can't follow you there.
You can't mean it.
Are you serious?
Is that what you mean?
I'm sorry?
Are you sure?
Which did you mean, heat or hit?
Do we all agree to that?
You know better than that I'm sure.
That's not exactly it.
That's beside the point.
Stick to the point, will you?
That's what *you* think.
Don't be silly.
Come off it, will you?
That's unacceptable.
I hate to say this but ...
I know you won't like this but ...

Working with texts

All I want you to get from the page is ...
Never mind the words you don't know. Just try and find out the main point / the general meaning / the gist of the text (before we go into any detail).
You don't seem to like the text.
Perhaps you would like to tell us what your ideas about the text were?
Does the text tell you what you expected / wanted to know?
What does it say about ...?

Box it / circle it.
What does the text *not* say?
Is this all that can be said about Arkansas?
Do you think this is true of *all* the people in Wales?
Would you like to live there? Why not?
What d' you think is the effect of this on the environment / What do you think the effect of this on the environment is?
Is it good for the environment?
What may / will happen if this is allowed to go on?
Is there anything we can do about it?
What do you think is the purpose behind this text / report / story?
What does the author want to achieve, d'you think?
Can you draw on examples from the text?
What's the evidence for what you've said?
Isn't this sheer propaganda?
Have you ever experienced / gone through anything like this?

Getting organized / Discipline

(Are you) All set?
Wait till everyone's ready.
Would you sit up a bit?
Has anyone forgotten their homework?
Can I have your attention please?
Let's wait for John. / We'll wait for George.
Did we all hear Peter? Would you say that again?
Did you hear what she said? What did she say?
Say it so that everybody can hear.
They can't hear you because you're talking.
Are you with me?
Would you *please* stop talking.
[Would you be so kind as to stop talking.]
[Please refrain from fidgeting.]

Do as you're told.
Do what you're asked to do.
Get on with your work.
Wait a minute. There are two people not paying attention.
I thought I had asked for peace and quiet while we were working.
No more playing around!
Stop messing about / mucking about!
Pipe down, will you?

What's the matter. Do you want to go out and get some fresh air?
At least you could say you're sorry.
See me after class.

Pupils' phrases

Clarification requests[219]

Sorry, I didn't get that.
I didn't get that at all.
Pardon.
Do you mean …?
I didn't hear what you / Barbara said.
(I'm afraid) I didn't (quite) hear your question. Will you say it again / repeat it?
Would you mind saying it again / repeating it?
Can you say that again?
(I'm afraid) I don't understand (your question). Would you mind saying it again rather more slowly?
I've forgotten the English word for …
I don't understand the word …
I understood all you said except the word …
I understood your question but I can't answer it.
I understood your question but I can't find the right word for the answer.
I know, but I can't say it in English. What's the word for …?
I can't think of the right word.
How can I say … in English?
I'm afraid I can't answer your question.

Could you write this on the board?
Is it something to do with …?
Is it a kind of …?
How do we do it?
Why is this wrong?
I'm not sure what we have to do.
Have I done this alright?

---

[219] Größenteils nach Harold E. Palmer/Dorothy Palmer: "The Embarassing Silence". *English through Actions.* London 1959 (1925), S. 24-28.

Stalls

Well, ...
Let me think / see.
Well, let me see now.
Well, I suppose ...
Well, actually / as a matter of fact.
Yes, I understand; now let me think.
Just wait a moment, will you?
Yes, just a moment. It's on the tip of my tongue.

Personal

I'd rather not answer that question.
[That's none of your business.]
Sorry, that's *my* business.
I don't think I need to answer that question.
No comment.
Why (did you ask me)?
Sorry, I wasn't listening / paying attention.
That's just what I said.

I don't feel very well.
May I (be excused / leave the room)?
Can we use our books?
There's a glare / shine on the board.
We've done this before.
Can't we do something else for a change?
How long is it till the bell?